Kyoto　京都岔路

日本人都不知道的究極玩法

The real voyage of discovery consists not in seeking new landscapes, but in having new eyes. —Marcel Proust

百萬人氣旅遊部落客
聯合推薦序

（以下依部落客暱稱排序）

　　傑利，我的網路麻吉兼攝影好友，是我看著他入手第一台數位單眼相機，看著他敗入第一顆L鏡，看著他因為取景太慢而被馬蘭達白眼，到練成「秒拍」的絕技。傑利，也一直是我和Claudia眼中的「開心果」。而馬蘭達，在Claudia眼中是位率性、專業及高容忍度（因為能容忍傑利「要求完美」的人並不多！哈！）的傑利老婆，第一次看她寫的文章，筆法細膩及感情的豐富，真是讓我們驚豔萬分！聽到他們要出書的消息，我們的第一個反應是：早就該出啦！

　　這是本很「岔路」的書，你會岔出去看見楓的紅和櫻的粉，你會岔出去聞見居酒屋及燒肉碳烤的香味，你會岔出去聽見丸子屋朋友間最真摯的笑聲；當然！你會岔出去感受到夫妻之間的默契，而這所有的岔路都聚集到一條名叫「幸福」的道路上。

　　最後，引用這本書裡我最喜歡的一段話與大家分享：「**鏡頭下、人群中，我有了深刻的體會：或許幸福並不在於櫻花本身，而是能和心愛的人一起，因著生命的分享而感到喜悅。**」

[Anderson & Claudia] 帶著小精靈一起去旅行

　　幾年前我去過一趟京都，不過，看完了傑利與馬蘭達的新書，感覺好像我沒去過的樣子，他們遊玩的方式實在讓我羨慕。京都真是個適合旅遊的古城市，千年來的建築保存完好，每一間寺廟都有自己的特色，京都不但有千

年的神話，還有市集、藝妓、步道；無論是步行、騎車或是坐公車，都相當方便；住在民宿即使語言不通，主人還是把旅客當成一家人看待。

　　而藉由這本書裡兩位主人翁自己的體驗和描述，許多精彩的畫面浮現在我的腦海，就好像我親自走過一趟的感覺。尤其透過傑利的鏡頭，還可以看到京都的紅楓和寺廟風情，真是值回書價。認識傑利這幾年，無論是拍攝古蹟、夕陽或人物，他的照片總是充滿了熱情的溫度，那樣敏銳的觀察，應該是不斷按下快門的成果。而我，是不是應該再安排一趟京都行呢？！

[水瓶子] 城市旅行 & 圓環文化工作室

　　我開始寫部落格近三年的時間裡，因部落格活動而結識的「朋友」比活過的四十多年加起來還多，關係也更親密，我稱之為「網友」，網友已成為我最重要的生活圈。我非常喜歡這群網友的一種特質，會將最美好的事物在部落格中分享，而這分享不單純是一個故事或是一種理念的傳述，而是一種真誠的生活態度，具有影響力與感染力的態度，而傑利就是其中一位。

　　京都賞櫻之旅，也一如他的生活態度；哲學之道的櫻花有高貴凝練與細膩古典的丰采，傑利所要透露的，卻是能與心愛的人一起出遊最幸福，就像所有的故事與記憶，一如亞里士多德所說，這裡頭都隱藏著一段自己消逝的時光，與好朋友分享。

[老夫子] 老夫子旅行夜談Blog

京都
Kyoto
岔路

愛狗，是我對傑利與馬蘭達夫妻倆的第一印象，夏天午後他們帶著「小番薯」（愛犬）在台大校園草皮翻滾的身影，依舊清晰地出現在我的腦海中……。當我看到他們第一次的京都自助旅行經歷時，我心想他們還真是一對愛狗的夫妻呀，連出國都會尋找有狗狗為伴的民宿。也正因如此，他們開始了一段與「京都丸子屋」民宿主人以及拉不拉多犬「蓮」的緣分，從陌生的客人到熟悉的老朋友，當他們下回再去京都時就不再只是旅人的身分，而是以拜訪老友的心情前去。

透過他們夫妻倆生動幽默的文字與美麗影像的呈現，讓我認識了與過往不同的京都面貌。在本書中，除了看到自己熟悉的文化古城京都外，更看到古城下熱情的友誼與悠久歷史的多元文化融合，例如：百年老屋內竟然有好吃的德國麵包……等，透過他們與在地人的生活體驗，細膩地描繪出一個既熟悉又陌生的京都。就在這時候突然發現自己已經快三年沒去京都玩耍了，不要在城市中發呆啦！這本書讓我有股想立即背起包包，去京都流浪的衝動。

[快樂雲] 不能流浪的日子，在城市中發呆

....

傑利從很久之前就嚷著要我幫他的新書寫序，問題是，序要怎麼寫啊？

認識傑利的過程很奇妙，總歸一句話就是「因愛玩而相遇」，他拿著相機認真拍攝的神情特別好看，不像我是快拍，他總是有著自己的堅特，也喜愛拍攝人像，從他自告奮勇地在我的講座上拍照後，我就對他有了更高一層的肯定。就去拍吧，拍出你對這個世界的美好與感動，我們只要做一個會欣賞的人就好。這本新書是傑利和馬蘭達這對神仙眷侶的首度攜手合作，文章及圖片的巧搭，還有他們在京都與當地人的互動，看來都是這麼具有生命力，原來每個人的旅行及遇見都是自己的唯一，別人絕對不會有，看著他們的圖文旅行，我也彷彿走了一趟。

話不多說，這就跟著傑利和馬蘭達的腳步，看看他們的「京都岔路」會岔出什麼樣的火花！

[海豚飛] 海豚飛看世界

....

傑利是一個熱愛旅行的朋友，不愛制式的跟團旅程，自助成了探索不同國度的樂事。老實說，喜愛旅行與文字、攝影，基本上扯不上關係，但是能將這三者合為一體並不容易。

一對忙碌的上班族夫妻、一趟新春的京都行腳、單純的線上搜尋民宿，造就了本書令人難忘的京都之旅。文字或許平凡，但在照片的輔助下，將旅途中相遇的人、事、物，用一個個小故事一一串聯，變成一篇篇京都的旅遊故事。原來在不懂日文的傑利與馬蘭達筆下，京都也可以充滿了濃濃的友誼！

[盒子] 盒子家的生活點滴

　　剛自京都返回台灣不久的我，一直對於這個古意盎然的城市懷念不已，第一次造訪京都，就深深著迷於她的空氣、她的步調、她多變的容顏，還有那裡和善的人們。一個吸引人的城市，除了要有美麗的景致，更讓人難忘的，其實就是旅途中所遇到的人們。傑利和馬蘭達的京都之旅，正是因為認識了廣結善緣的民宿老闆娘，而有了後來的奇遇；透過丸子的大方分享，與過往的旅人分享私房景點和美味料理，體驗當地人經常光顧的小店和景點，這樣的旅行更是讓人夢寐以求呀！

　　我所認識的傑利，愛開玩笑又風趣，可以很快地和大夥打成一片，風趣的外表下，卻又敏銳、善於觀察，透過馬蘭達和傑利詼諧的筆觸和敏銳的鏡頭，將帶領你我認識不一樣的京都。

[莎莎] 莎莎公主遊樂園

　　初識傑利，在浪漫的油桐花季，大夥忙著拍油桐花，一旁的傑利拿著大相機，雞婆的告知大夥光圈、ISO要設定多少。熟稔之後才知，原來旅行過二十個國家，至少拜訪過五十個城市的他，對攝影、旅行有股莫名的狂熱。我一直認為**旅行需要勇氣、夢想和熱情**，而我眼中的傑利剛好具備這三種元素。

　　傑利和馬蘭達的第一本旅遊書，寫的是我最嚮往的「京都」，透過書裡的文字，可以了解京都為何讓人如此迷戀；楓紅、美食、古寺、藝妓……，在傑利的鏡頭下，我看到會勾人靈魂的「京都」。不止介紹風景，書裡還傳達對旅遊、朋友、人生的態度；這本書讓想去京都的朋友更能深入了解，也讓去過京都的人，可以再度回味。於出書之際，衷心祝福好友傑利出版成功，心想事成！

[薄荷] 薄荷的旅行及生活

京都
Kyoto
岔路

自序

我的京都岔路奇遇，從一隻「狗」開始

馬蘭達

前年接近年底時，忽然發現年假還有好幾天沒休，這麼多天的假可不能白白送給公司，上網搜尋了一下，西北航空往大阪的機票正在大特價，聽說日本過的是新曆年，也就是元旦，念頭一起，「不如來去大阪隔壁一京都」過個年好了，畢竟，想要體驗一個最有年味的日本年，不去日本古都京都去哪裡？

帶著莫名的興奮，向老闆請完假後馬上網路刷卡訂票，很快地就搞定一切；但接著開始找住的地方才發現，有英文網頁的民宿全部客滿！想不到全世界有這多人都要去京都過年！

但不肯花錢住昂貴飯店的我當然還是不死心，瘋狂使出搜尋本領，在Google上打了一堆疑似日文的漢字；終於，被我找到一個上面寫著「京都府安心宿」的日文網頁，儘管一個日文也看不懂，但從中間夾雜的中文漢字，或多或少還是可以略知一二，亂槍打

鳥寄了e-mail詢問是否還有空房後，有幾家回了信，雖然幾乎還是客滿，但其中有一家e-mail的內容吸引了我——「女生房有空，但我有一頭XX犬，兩歲，是女生，如果你不介意的話」，英文用法有點詭異（後來我知道那是用翻譯機翻的），但有狗耶！二話不說，當下斷定愛狗人一定是好人，就是它了！

這就是我第一次到京都自助旅行，意外遇見「京都丸子屋」、認識丸子屋主人「丸子」與她的拉不拉多犬「蓮」的開始；也因為丸子屋，之後我多次回到京都，認識更多來自日本各地的朋友，也因此發掘許多一般旅行者不知道的地方，吃了無數好吃的美食……，這正是本書為什麼叫做「岔路」的緣故，代表旅行的驚喜、奇遇，有時就是需要一點願意挑戰意外的傻氣。

當然，最感謝的是帶給我這一連串「好狗運」的乖狗狗「蓮」囉。 F

京都
Kyoto
岔路

自序

什麼是完美的民宿、完美的旅遊？

傑利

2006年十一月，跟著馬蘭達住進了京都最特別的一家民宿——「丸子屋」。住沒兩天，我就跟馬蘭達說：以後我來京都都不想住大飯店了！這間「丸子屋」是最棒的！

我旅行過二十幾個國家，包括台灣在內，從沒見過這麼特別的「民宿」：「丸子屋」特別的地方不在於它的便宜、小、還是舊，而是在於它的主人——丸子（Maruko）；在於她根本不把我們當客人，而是當成朋友來對待。甚至後來丸子還說：「我們不只是親密的朋友，我們就像是一家人！」

一家人？！好親密的字眼，有哪個民宿老闆把客人當自家人的呢？

透過鏡頭，我很想呈現「丸子屋」給我的感覺，小小舊舊的，可是很溫暖、很有人情味；裡頭的房客朋友都好單純，一點也不在意屋內的擺設裝潢，而是笑得很開心、聊天聊得很愉快。丸子屋裡有「大家庭」的感覺，每個房客晚上會一起喝酒、喝茶、聊天嬉笑；丸子像大家的朋友，招呼大家，一道出去吃飯、一起到立食店喝酒。這裡的朋友來來去去，幾乎都是熟面孔，大家都把這裡當成在京都的家，也把丸子當成是在京都的親人。如果可以，我很想拍下丸子與這裡房客們的開心笑容，為丸子單純又傻大姊式的成功經營，留下一個最好的見證。

　　沒有馬蘭達，就不會認識丸子；沒有丸子，我們就不會去京都這麼多次，當然，也不會有這本書的誕生。一切的起源似乎有很多緣分和不經意的巧合在其中。「京都岔路」是馬蘭達有一天早上突然靈機一動想到的書名，很符合我們這幾年在京都旅遊的奇遇。沒有刻意規劃，沒有太多熟悉的行程，也不挑飯店或知名的餐廳；因著馬蘭達勇於嚐鮮的態度和愛交朋友的個性，結識了丸子和一群可愛的日本朋友；也讓我們的京都旅遊故事，成為一個個有趣又「在地」的京都「岔路」之旅。

　　在京都的日子裡，馬蘭達每日的重要活動，就是和丸子及姊妹們聊到三更半夜；而我呢，當然是乖乖用相機把這段「奇遇」記錄下來囉！ Ｆ

京都
Kyoto
岔路

京都 Kyoto 岔路 CONTENTS

京都
Kyoto
岔路

Chapter 1

京都風情篇

如果，你想尋找日本個性最鮮明強烈的城市，那必然是春光明媚、夏夜如水、秋色火紅、冬日傳奇、那極為古老又極端現代的京都。

東福寺。

紅葉地毯與紅葉林

傑利

　　楓葉在日本被稱作「紅葉」，對我而言，這名字再貼切不過，火紅的楓葉不叫紅葉叫什麼呢？

　　2006年到京都旅遊的主要目的就是為了楓葉，想好好見識火紅的楓葉佈滿天際、山頭和整片大地的壯觀景象。一連幾天從光明寺、常寂光寺、嵐山、清水寺、高雄、仁和寺、永觀堂一路拍下來，著實覺得京都的紅葉有著萬般風情，因著時間的不同、地點的不同，而有不同的味道呈現。不來京都看看紅葉，此生就好像白活了似的；而在京都的紅葉之行結束後，也就有不虛此行、不枉此生的滿足了。

幾片楓葉落下，巧妙點出京都紅葉季節的到來。

　　第一次在京都看到紅葉時，也許和大多數沒「好好」看過紅葉的台灣人一樣震撼；不論是從天而降、漫天飛舞的紅葉，還是像一片火海般燃燒的紅葉林，抑或是掉落到大地、鋪成一片綿密蔓延的紅色地毯，都再次證實了徐志摩曾說的：「數大便是美！」，幾百棵的紅葉林真是美，美得無與倫比，這……可是京都才有的啊！

　　單單描述紅葉的美，實在不足以展現京都紅葉的特別，除了紅葉本身，京都到處可見的古寺名剎，恰巧與紅葉起了相得益彰、互相輝映的作用；因著地點和背景的不同，可以感受到紅葉的千變萬化和萬種風情。京都廟宇的大片黑色屋瓦，正好能凸顯紅葉的火紅，而枯山水的白沙，也輕易地襯托出紅葉的秋意與寂寥。

旅遊資訊

• 東福寺
東山本町15-778
JR、京阪電車「東福寺站」徒步10分鐘
• 電話：075-561-0087
• 開放時間：9:00～16:00
　　　　　　（11月8:30～16:30）
• 門票：入通天橋400日圓

1. 不管是用大相機或小相機，美景當前，遊客全都忘我地補捉美麗畫面。
2. 紅到發亮的紅葉林是最好的拍照背景。

　　不知是巧合，或是人為的刻意設計，紅葉和京都的搭配竟是如此完美！

　　東福寺和清水寺對我而言，都是欣賞紅葉「數大之美」的好地方，而東福寺據說因為通天橋上可飽覽大片紅葉林的壯闊景觀，而有所謂的「通天之紅葉」一詞，享譽日本，可說是京都市裡一等一的紅葉名所。站在連接本堂與開山堂的通天橋上，完全被映入眼簾的大片紅葉林所震懾，久久無法將目光移開。從橋上往下看，遊客在紅葉林中穿梭，讓我想起中國有個傳說中的人間仙境——「桃花源」，

也許日本的桃花源就像是我眼前的紅葉林吧！

　　除了東福寺的通天橋之外，另一個讓我非拍不可的，就是此處落滿紅葉的紅色地毯。要不是親眼看到紅葉不斷從樹上掉落，真懷疑那些均勻分佈的紅葉，是不是院方故意灑上去的；如果不是院方拉上封鎖線，我想所有人都會跟我一樣，想直接衝上前去，躺在紅葉上睡個大半天吧！

攝影花絮
PHOTOGRAPHY

攝影界流傳一句老話：「沒有腳架不拍風景」，先不管這句話到底有沒有道理（其實我個人是很懶得帶腳架的），在賞楓季節來到京都，先別妄想能夠隨意架腳架拍照，因為熱門紅葉景點中遊客眾多，常常是禁止架設腳架的。另外，在遊客如織的紅葉名所中，有可能拍出沒有人的照片嗎？嗯，如果不想觸動警鈴，把其他遊客嚇跑，最笨也最簡單的方法，就是謹守「早出晚歸」的原則，早早出門，晚晚收工囉。（很多次我都是賴到快關門的時間才趕緊搶拍的！）

　　「早出晚歸」或許才能看到不同於一般遊客看到的風景，拍出與眾不同的照片。「早出」不簡單，在平均五度左右的冬季京都，要爬出熱呼呼的被窩早起，實非一般常人所能做到。雖然我自己也做不到，不過仍要鼓勵比我有「出息」的人早起，為了京都的紅葉及美麗風景而犧牲睡眠，絕對是值得的！

　　拍紅葉地毯除了把光圈縮小、EV值降低之外，接下來最重要的工作就是「等待」——等待沒人的空檔，趁著眾多遊客散去的剎那，趕緊按下快門，為這片被紅葉鋪滿的大地留下最好的見證。

常寂光寺
仁和寺

金閣寺
清水寺

永觀堂。

名寺・枯山水・禪之紅葉組曲

傑利

　　京都市內的紅葉行對於一般遊客而言，可以說是輕鬆而簡單的，只要買好500元日幣的巴士一日券，努力一點的話，大概兩、三天就能看完十幾個著名景點，也就是俗稱的「紅葉名所」。只是不知情的人可能會覺得奇怪，為什麼京都市裡的紅葉行都變成「名寺古剎」之旅了呢？

　　常去京都的人也許已經很習慣京都「三步一小廟、五步一大寺」的特殊景觀，何況若是沒有這些「名寺古剎」的陪襯，京都的紅葉似乎就不會這麼有「京都風」了！幾次到京都，深深覺得京都的寺廟各有各的味道，似乎怎麼都沒有看膩的時候。

　　馬蘭達和我的「京都紅葉行」由光明寺的夜楓開始，接著從洛西的常寂光寺、仁和寺、金閣寺到洛東的清水寺、永觀堂，最後在東福寺畫下完美的句點。其實，這樣的走法，似乎也只是「京都紅葉名所」的一小部分。我在仁和寺時買了一本《京都紅葉百景》，書中完整收錄了京都「一百個」著名的紅葉名所，非常令人吃驚。

　　雖沒有完成「百景」的宏大志向，在幾天內完成的名寺古剎之旅，也是值得的了。不過話說回來，如果丸子一直都在京都，那我們這輩子或許真有走完「百景」壯舉的可能吧！

常寂光寺

　　座落在嵐山的常寂光寺，可能是因為寺名取得好而搏得我們的青睞，我喜歡「常寂」這兩個字，感覺就像是隱居山林、不問世事的修道之人應該選擇的寺所。（「常寂光」一詞出自佛典「常寂光土」，意指阿彌陀佛居住的淨土。）

1.入口處的茂密紅葉，十分壯觀。（常寂光寺）
2.黃色、紅色的楓葉襯著古寺，顯得更有味道。（常寂光寺）

雖然馬蘭達和我不懂佛，也不知有沒有所謂的佛性，但或許是來的時間接近傍晚，看見滿山楓紅逐漸隱沒在暮色之中，似乎因此感受到不少「禪意」。在長廊上看著紛飛的紅葉落至寺中的水池裡，不由得感染了些許惆悵。

仁和寺

由仁和寺、龍安寺到金閣寺之間的距離很短，卻剛好網羅了三大世界遺產。仁和寺雖不像金閣寺那麼有名，不過因為自古以來，前後共有三十代的皇族在此出任寺院住持，故被稱為「御室」，也具有相當的知名度。雖然我們是在紅葉季時來的，但這裡倒是以所謂的「御室櫻」聞名，且還名列日本賞櫻勝地一百選之一呢！

1.走在大片大片的紅葉下，是種享受，也是種幸福。（仁和寺）
2.紅葉配上枯山水的白沙，有種強烈的「京都味」。（仁和寺）
3.脫了鞋，走在迴廊上，木頭的自然香氣讓心情不由得沉澱下來。（仁和寺）

　　仁和寺佔地極廣，建築宏偉壯觀且頗具歷史味，不過令我印象最深刻的，是要付費才能進入的長廊和庭園中的枯山水。所謂「行亦禪，坐亦禪，語默動靜體安然」，靜靜地坐在長廊上，是體驗京都禪意最好的方法；看著鮮紅的楓葉撒落在白沙上，紅白之間強烈的對比，似乎也帶來了濃濃秋意，更讓原本平靜的枯山水增添少許的淒美與秋愁。

1. 在仁和寺的迴廊下欣賞庭院的枯山水和
   紅葉，是人生一大快事！（仁和寺）
2. 雄偉的大門。（仁和寺）
3. 庭院內的枯山水。（仁和寺）

1.除了看紅葉之外，坐在充滿古意的木質地板上看日式庭院也是種享受！（仁和寺）
2.一層一層的迴廊，不管是攝影或是慢走都好。（仁和寺）
3.襯著白色的枯山水庭院，仁和寺的紅葉更顯豔麗。（仁和寺）

金閣寺

　　來到京都如果不逛金閣寺，就如同在巴黎不去巴黎鐵塔、羅浮宮一樣。姑且不論金閣寺的歷史有多輝煌，很不幸的，這裡大概是我最不想再來參觀的地方之一。或許是看過太多金閣寺的照片，又或許是黃澄澄的金閣寺過於耀眼……，不論如何看，我還是覺得和無數的觀光客擠在池邊，看著一塊大金塊放在一個不怎樣的人工池上，實在沒什麼意思，少了京都寺廟慣有的古樸和禪意，我似乎連按快門的興致都沒了。

　　但曾在冬季來到此地的馬蘭達則認為，飄雪的時節是金閣寺最美的時候。或許，這是金閣寺可以讓人期待的另一面吧。

清水寺

　　紅葉之行中最壯觀的寺所，應該非東福寺與清水寺莫屬。清水寺是聯合國教科文組織所公認的世界遺產，名氣並不亞於金閣寺，而其中最著名也最吸引攝影同好注意的，當然就是那在懸崖上，以一百三十九根巨型木柱撐起，高達五十公尺的「清水舞

1. 金閣寺或許看來金光閃閃、氣象萬
   千，但總覺得少了京都古剎名寺該有
   的禪意和古味。（金閣寺）
2. 大方熱情的日本高中生留下到此一遊
   的照片。（金閣寺）
3. 遊客把心中的願望寫在木牌上，希望
   神明保佑。（金閣寺）

台」本堂了。清水舞台的對面，有個可以欣賞紅葉和清水舞台的地方，在那裡可以看
見清水舞台被滿滿的紅葉林包圍的景象；聳立在紅葉林中的巨大木柱、清水舞台和本
堂，則更顯得氣勢非凡。

　　位於清水寺後方的地主神社，以求戀愛而聞名，甚至連丸子都說想來這裡問問愛
情運呢！遠遠看到大大的「緣」字和年輕女孩三三兩兩走來，就知道地主神社已經到
了。

而清水寺除了寺所本身具有可看性之外，外頭的清水道、二年坂、三年坂到八坂之塔一帶，是由好幾條充滿古意的石頭路構成的，有著數不盡的傳統商店、餐廳、紀念品店等，不管拍照或體驗京都古風，都是值得逛上兩、三個小時的好地方。

2　3

永觀堂

　　如果有時間，排個從清水寺到永觀堂的一日行，是最好不過的了，也許能夠藉此體會從清水寺、清水道到永觀堂的京都古意和古剎之美。由於冬天日落的時間早，來到永觀堂時雖然才四點，天色已經開始昏暗，行走在院內貫穿釋迦堂、開山堂、御影堂等的中式迴廊中，看著日式庭院中的紅葉，有種中日融合的獨特風味。

1.壯觀的清水舞台，是遊客和攝影師的最愛。（清水寺）
2.院內特殊的「心形」枯山水。（永觀堂）

1.地主神社前不時看到的年輕女孩。（清水寺）
2.紅葉前合影留念的母子，洋溢著幸福與甜蜜。（清水寺）
3.清水道前穿著美麗工作服的忙碌店員。（清水寺）
4.清水道上大方和善的藝人。（清水寺）
5.清水道上永遠不會減少的眾多遊客。（清水寺）

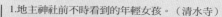

京都
Kyoto
岔
路

　　因為馬蘭達的提醒，我成了當天最後登上寺中最高
地──多寶塔的人。一個人俯瞰著永觀堂的庭院和京都
夜景，在暮色中，永觀堂亮起了一盞盞路燈，使得紅葉
林染上一層迷濛的光彩，讓人想守候著這片美景，直到
天色漸漸暗去。日落前的永觀堂景致，為這一天的紅葉
行畫下一個完美的句點。**F**

旅遊資訊

- 常寂光寺
  京區嵯峨小倉山小倉町3
  JR嵯峨野線嵯峨嵐山站下車徒步15分鐘
- 開放時間：9:00～16:30
- 門票：500日圓

- 仁和寺
  京都市右京區御室大內33
- 開放時間：9:00～16:30
- 門票：300日圓

- 金閣寺
  北區金閣寺町1
  乘市巴士「金閣寺道」下車
- 開放時間：9:00～17:00
- 門票：400日圓

- 清水寺
  東山區清水1-294
  市巴士在「清水道」下車約徒步10至15分鐘
- 開放時間：6:00～18:00
  （春秋季夜間開放18:30～21:30）
- 門票：300日圓

- 永觀堂
  左京區永觀堂町48
  乘市巴士「南禪寺・永觀堂道」下車徒步
  3分鐘
- 開放時間：9:00～16:00
- 門票：500日圓

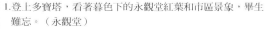

1.登上多寶塔，看著暮色下的永觀堂紅葉和市區景象，畢生難忘。（永觀堂）
2.暮色下的永觀堂與紅葉，散發著秋冬的氣息。（永觀堂）
3.前後呼應的紅葉，點出永觀堂院內的濃濃京都味。（永觀堂）

京都岔路
Kyoto

高雄。

滿山遍野的紅葉之旅

傑利

來到京都，如果一直待在市區裡，不免辜負了京都的好山好水；尤其在每年十一月的紅葉季節，若想看到滿山遍野的紅葉，就必須到市郊走走。

京都郊區的紅葉名所大致以高雄、大原、嵐山為主，不過由於嵐山緊鄰桂川，不像高雄、大原有蔓延整片山頭的紅葉，一般人還是以高雄、大原作為京都郊區賞楓的代表性景點。馬蘭達和我安排了一天的行程，利用一個早上去高雄，回程進了京都市，還可以趁機到仁和寺、金閣寺逛逛。

原本對高雄這個名字沒有特殊感覺，不過後來我的網路麻吉Anderson提醒我，一看到「高雄」這地名和紅葉同時出現的照片時，身為高雄人的他，一時之間真以為終年如夏的高雄竟然也有楓葉，這才讓我覺得「高雄＋紅葉」的組合有點意思、有點特別了！

到高雄賞楓對於住西院地區的我們來說，是很方便的，到四條大宮搭市巴士8號約四十幾分鐘車程，即可抵達前往神護寺的山徑入口。這天天氣很好，不過就賞楓而言，陽光強了些，地上的紅葉被太陽一照，就顯得不夠紅了。從山徑的入口處看去，黃色、紅色的楓葉佈滿整個山頭，美麗絕倫，

沿著高雄的步道，看著滿山的紅葉紛紛落下，是種難得的體驗。

1.即使落到地面上，紅葉地毯依舊美麗。
2.河岸旁逆著光的紅葉，呈現出亮麗的金色光芒。

不禁要讚嘆大自然的神奇，綠色的山頭只是換上不同顏色的衣裳，就有意想不到的魅力，也許這就是大自然的奧妙吧！

　　沿著往神護寺的參道走去，讓人感興趣的是沿途的茶座，不論是在溪邊或是林間，都有著無限的雅致；一邊賞楓一邊用餐、喝茶，看著片片落下的紅葉在空中飛舞，十分浪漫！回台灣之後，看著相片中茶座上日本遊客的一派悠閒和幸福，心中不免暗自懊悔，當初實在不應該安排這麼匆忙的行程；

在茶座上消磨半天、和馬蘭達在美景中享受兩人世界，才是王道啊！

　　高雄一帶，共有神護寺、西明寺、高山寺三間寺廟，不過以歷史而言，就屬公元八世紀建造的神護寺最為悠久，撇開寺內碩大的楓樹不談，充滿古意與佛味的神護寺是相當值得一遊的；雖然大殿內禁止拍攝，但脫了鞋，走在有數百年歷史的地

1. 來到高雄，不在茶屋上享受滿山遍野的紅葉是種損失！
2. 高雄的茶屋一景。
3. 即使不坐茶屋，坐在紅葉地毯上看紅葉，也是十分愜意的。
4. 到高雄的最大享受，就是在茶座上一邊用餐飲茶一邊欣賞紅葉了。

板上，看著雕工精細的佛像，感受京都充滿禪意的一面，亦能獲得一種難得的平靜。迴盪在大殿中的誦經聲及遠處傳來的鐘聲，彷彿聲聲都在慰藉遠來旅客的疲憊心靈。

　　深山裡遇到的古剎與禪意，可說是這趟山中紅葉行的意外收穫！

1.高雄的神護寺宏偉氣派，充滿古意。
2.在神護寺前的一群日本婦女。
3.賣破除厄運碟子的攤位。遊客買來碟子後往山谷一拋，據說拋得越遠，厄運就離得越遠。
4.古剎與紅葉，這是最有「京都味」的組合之一。

旅遊資訊

- 神護寺：右京區梅之田高雄町5
  乘JR巴士「山城高雄」徒步15分鐘，或市巴士8號
- 電話：075-861-1769
- 開放時間：9:00～16:00

京都岔路
Kyoto

光明寺。

黑暗中燃燒般的夜楓

傑利

「夜楓」是什麼？顧名思義，就是在夜裡賞楓。對台灣人來說，別說是夜裡賞楓，連在白天賞楓的機會都很少。由於好奇心使然，在京都的第一天，精打細算的馬蘭達安排了賞「夜楓」行程，想說可以好好利用抵達京都當天僅剩的一點時間。

從機場搭上JR再換巴士，抵達丸子屋時已快三點，一見到丸子，話匣子一開，時間就不知不覺地在她「不流利的英語」和我們「不靈光的日語」中飛快流逝。等到要從丸子家出發賞楓時，居然天黑了！完全忘記「冬天的太陽比較早下山」！眼看一天即將接近尾聲，只有一個「慘」字可以形容！

「你再聊嘛，才第一次見面，話就這麼多！」馬蘭達嫌我話多，耽誤了時間，有些不高興。

「沒關係啦，反正我們可以去看夜楓啊！應該也很美！」老婆生氣非同小可，我趕緊替自己找台階下。

結果因為下班人潮的關係，巴士開得慢，到火車站搭上JR（用JR一日券可無限搭乘），最後在長岡京市再換搭巴士，抵達目的地——光明寺時已約六點，天色全暗了。遠遠從光明寺大門望去，紅葉被燈光燃亮，彷彿有股神奇的魔力，讓我無法移開視線。正準備把相機、腳架拿出來大顯身手、好好拍攝時，竟看到一旁立著偌大的告示牌，令人不敢置信。

不架腳架的夜拍難度高，來張夜楓特寫，滿足夜拍的小小心願。

京都
Kyoto
岔路

1.還沒進光明寺，就被門口禁用腳架的告示嚇到了。
2.光明寺門口巨大的楓樹與紅葉。
3.勉強捉些局部特寫，以填補不能拍大景的遺憾。

旅遊資訊

- 光明寺：京都府長岡京市粟生西条
- 電話：075-955-0002
- http://www.komyo-ji.or.jp/

「三腳使用禁止？」該不會是不能用腳架攝影吧？

我沒被雷打過，不過當下頓時有種「晴天霹靂、五雷轟頂」的感覺，望著手上跟著我遠度重洋的心愛腳架，我想，它應該很想哭！（其實，我也很想哭，因為背了好久的腳架，好像白癡！）

趕緊跟大門邊的售票小姐求證，只見年輕的日本女孩笑嘻嘻地指指我的腳架，搖搖手，客氣地說了聲：「NO!」天啊！正式被判了死刑！

「沒關係，你就不要管他們，偷用看看嘛！」馬蘭達看我臉色慘白，冷汗直流，想幫我想法子，不過，腳架又不是顯微鏡，怎麼偷偷用啊？在此同時我也努力思索，哪本攝影書有教「不架腳架，也能拍出好照片」的夜間攝影……。

強打起精神進了光明寺，燈光下的夜楓確實展現出不同於白天的夜間風情，努力照了幾張，一邊暗自祈禱我的L鏡鏡頭防手振的功能能爭氣些。幾次嘗試之後，發現唯有近拍才能稍稍把夜楓拍清楚，其餘的夜楓美景，只好記在腦袋裡，無緣與朋友分享了！

沿著光明寺的紅葉小徑走去，一棵接著一棵的楓樹在漆黑的夜裡顯得火紅亮麗，有些不真實的美，襯著遠處的一輪明月，很難相信當綠色的楓葉轉成

「鮮紅」的紅葉時，竟是如此華貴、亮眼，像是在黑夜中舉辦一場紅葉盛會般的繽紛炫麗、光彩奪目。

不知是夜間拍攝不易，還是天氣冷的緣故，寺內參觀的民眾不多，我和馬蘭達得以悠閒地迎接我們在京都的第一個紅葉美景，不必跟大批觀光客擠在一起，也算是難得了。

但不論如何，我的心情始終有些不輕鬆，一直盤算著要不要把腳架拿出來，到底要不要呢？

攝影花絮
PHOTOGRAPHY

這一晚最大的難題就是：不用腳架，也能拍出好照片嗎？

不敢說在夜間沒有腳架就不能拍出好照片，但至少，想拍出清晰的照片是非常困難的。況且左思右想，從小到大還真沒見過有教人在夜間不用腳架，能夠拍出好照片的書籍。（有的話，歡迎用任何方式告訴我，小弟萬分感謝！）當然，一定會遇到沒有腳架或是不准使用腳架的場合，至少在京都就碰上好幾次，最簡單的方法是找到支撐物，不管是石頭、樹枝或欄杆皆可，相對的，也就必須冒著摔落相機的風險，不可不小心。

若沒有支撐物時又要怎麼辦呢？就把ISO值調到最大，光圈開到最大，防手振功能打開，摒住呼吸，努力持好機身吧！另外，直接把楓葉或楓樹抓住，減少晃動，倒是挺管用的！ Ⓕ

| 黑夜裡的紅葉，和白天的紅葉比起來，紅得太美，美得有點不真實。

哲學之道。

滿滿的櫻花‧發現100%的幸福

傑利

初春的京都除了有滿滿的白色櫻花之外，是不是還有什麼可看的呢？

四月初的某天早上，在丸子提供的免費自行車驅使下，馬蘭達和我再度展開京都自行車之旅，前往極富盛名的「哲學之道」。雖然沿途盛開的櫻花美得讓人心醉，但我們錯估了腳力，加上一路拍照、逛店，走走停停的，花了一個多小時才；抵達時已接近中午，想避開人潮拍櫻花的美夢，再度破滅。

「哲學之道」不愧是京都最著名的賞櫻熱門景點，遠遠地，就能看到一片蔓延數公里的瑰麗花毯，根據統計，這裡種植著上千株的櫻花。相形之下，台灣著名的烏來、廬山櫻花，不免失色許多。

雖然兩個人靜靜地在櫻花下散步比較浪漫，但正值京都賞櫻時節，要完全避開人潮也不是件容易的事，只好抱著隨遇而安的心情，盡量欣賞沿途的櫻花風情。

連續拍了兩天櫻花之後，已經有點小小的「櫻花恐懼症」，於是我開始調整鏡頭的角度，拍起櫻花下形形色色的

| 雨中有強壯的熊肩膀可靠，幸福！

京都岔路
Kyoto

人們；不論是一人獨賞，還是和朋友、家人、可愛的小朋友，或心愛的人一起賞櫻，能在初春時節看到一大片的櫻花林，真是莫大的幸福啊！

　　鏡頭下、人群中，我有了深刻的體會：或許，幸福並不在於櫻花本身，而是能和心愛的人一起，因著生命的分享而感到喜悅。不知身邊的馬蘭達是否也有同感呢？或許這就是「哲學之道」所要傳達的「人生哲學」吧！

1.滿滿的櫻花、滿滿的人，洋溢著滿滿的幸福！
2.騎著哈雷賞櫻，羨煞所有男生。
3.「哲學之道」是櫻花季一定要去的賞櫻名所。

1.有人幫忙拍照，幸福！
2.有姊姊妹妹一起穿漂亮的衣服出遊，幸福！
3.有美麗的櫻花當背景，幸福！
4.有媽媽帶東西來賞櫻，幸福！
5.有大片美麗櫻花可拍，幸福！

攝影花絮
PHOTOGRAPHY

　　和滿天滿地的紅葉比較起來，京都櫻花季的一片
櫻花更是難拍；如果沒有藍天的襯托，陰天的櫻花與
天空「融」成一片白，分不清究竟是天空還是櫻花；
大片白色也成為測光上的難題，容易過曝，造成細節
盡失，解決的方法是往下調整EV值，寧願先將整張照
片拍暗些，再利用後製保留白色的亮部細節。

　　刻意利用望遠鏡頭拍攝賞櫻民眾的特寫，反而得到一些自己喜歡的作品；撿拾櫻花瓣的小女孩是多麼的純真可愛，一對對相互依偎的情侶是多麼的甜蜜……，除了櫻花林的壯觀景象，櫻花下的人們所散發出的幸福，反而成為吸引我目光的另一個視覺焦點。**F**

1. 有漂亮的和服可以扮成藝妓，幸福！
2. 抽個籤，心想事成，幸福！
3. 有漂亮的櫻花瓣可撿，幸福！
4. 有人作伴賞櫻，幸福！

嵐山。

看山・看水・坐看嵐山

傑利

　　對喜愛深度旅遊的我而言，嵐山不僅值得花上一天的時間細細品味，同時也是個值得一再造訪的好地方。喜歡嵐山，不只是因為它有很多景點，交通方便，或有許多好吃好玩的精品店；而是因為這裡有漂亮的山、美麗的溪流和河岸，能讓人靜靜欣賞。

　　或許最適合在嵐山進行的一種「在地」旅行，就是靜靜地在河岸邊坐上半天，不管是一個人，跟心愛的另一半，還是一群朋友或家人……。

　　想不出京都有哪個地方，能像在嵐山一樣，悠閒地眺望遠方的山水、櫻花、紅葉和河面上的點點船隻，不用做任何事，就可以輕鬆享受嵐山的風光；輕鬆享受一個恢意的早上或下午。

　　除了坐在河岸上之外，在渡月橋上遙望一排排坐在河岸邊的人們所展現出的幸福神態，也是另一件開心的事。唯有此刻，才深刻覺察到大自然的美好，能夠身處大自然的懷抱是何等幸福；而人類常為了一堆無聊的事紛紛擾擾、爭鬧不休，又是何等愚蠢！

　　能坐看山水，笑談人生；與親人、家人、朋友共同擁有美好的一刻，才是生命中最值得紀念的一部份；生命，本就該浪費在美好的事物上，不是嗎？

1. 工作之餘，看看櫻花、看看山水，享受難得的悠閒與清靜。
2. 很喜歡看到京都人坐在河岸邊的櫻花樹下賞櫻。

美好的事物就該和最親密的人分享！
我和馬蘭達，也在有櫻花飄落的紅色茶座
上，享受屬於我們的午餐與櫻花冰淇淋，
分享生命裡共同的美好時光。

1.嵐山的人力車與車伕。車伕背上大大的「嵐」字，遠
　遠就可看到。
2.京都人的生命或許正從乾淨的河川與美麗的櫻花而
　來。
3.船伕和人力船讓嵐山變得更有「古味」。

　　或許是嵐山河岸邊或嵐山公園裡的人實在多了點，我很快就放棄用10-22mm的廣角鏡頭取大景的念頭，大景固然美，當中摻雜了一堆人可不太有意思，只好繼續用24-105mm這支鏡頭抓些小景來拍。接近正午的陽光有些刺眼，必須把曝光補償的EV值往下調整一到兩格，才能得到想要的暗部，這樣的做法除了可以修正數位相機在日照強烈時過曝的錯誤判斷外，也才能多保留一點大片櫻花的細節，而不至於照起來過於亮白。

　　河岸邊拍攝「以人帶景、以景帶人」的題材可說是取之不盡、用之不竭；不論是坐在河岸旁的悠閒、面對河岸的愜意，或是河上的點點船隻，都是值得入鏡的人文風景；拍照的同時，很希望能多來點櫻花口味的冰淇淋，不拍任何東西，只要靜靜看著嵐山的山水就好，畢竟也不知何時才會再回到這裡……。除了拍照，旅途上應該還有更多值得享受的事啊！ Ｆ

1.難得在嵐山公園找到無人的一角。
2.古老的橋讓嵐山更具古味和京都味。

圓山公園
清水寺
高瀬川

平野神社
上賀茂神社。

不花錢的平民賞櫻之旅

傑利

　　除了紅葉，京都最著名的景觀就屬每年三月底至四月初的櫻花季。和為期三個星期的紅葉季比起來，櫻花季的花期短了許多，所以想看到櫻花盛開的景象，不僅要算準花期，可能還需要一點運氣。

　　櫻花季的京都可說是「到處有櫻花，隨處可拍照」；賞櫻的地方很多，只是人多或人少的差別罷了。京都的名寺古剎幾乎都要收門票，平均500元日幣，幾趟下來花費也不少，更何況2006年來京都時，很多寺廟我們都已經去過，精打細算的馬蘭達加上丸子等一票「智囊團」，就規劃了一趟「不花錢」也能好好看櫻花的平民行程。

| 在櫻花下看書，別有一番風情。

圓山公園

　　成立於明治19年（1886），和八坂神社緊連的圓山公園，是京都最古老的公園，不知是否因為在祇園旁的關係，假日人潮始終不斷。尤其櫻花季的週末假日，男女老少都坐在櫻花樹下團聚，非常熱鬧。公園中著名的紅色枝垂櫻，又稱作「祇園枝垂櫻」，是棵有八十年歷史的老櫻樹，它可是當地最有名氣的地標喔！

1. 圓山公園內的「祇園枝垂櫻」，有八十年歷史，是一定要到訪的地標。
2. 撒落一池的櫻花瓣，讓人有點不捨。
3. 全家出遊賞櫻。

　　不過這裡人實在太多，總有種熱鬧有餘、雅致不足的遺憾。公園裡的許多茶座，白天已有不少人在此喝茶聊天，但根據丸子的說法，這邊最High的時候其實是晚上，不管是一般家庭或公司行員，都會全體總動員，在這邊大口喝酒、烤肉，就像是大型的露天派對一樣。也許對京都人而言，有個可以開心喝酒的「正當」理由才是重點，至於有沒有賞櫻倒是其次了！

1. 紅色茶座上的片片櫻花瓣很有京都味。
2. 白天時間還早，大部分的茶座都還空著。
3. 即使是賞櫻，時髦的京都女孩還是不忘盛裝打扮。
4. 對京都人而言，櫻花下的茶座也許是另類的露天大型酒吧。

清水寺

　　不到半年的時間，馬蘭達和我造訪了兩次京都，
也去了兩次清水寺；第二次正值四月初，濃密的紅
葉林已幻化成白色的櫻花海，讓人不禁讚嘆春神的魔
法；而仁王門和三重塔附近，朱紅廟宇被團團櫻花簇
擁的畫面，則是這趟「平民之行」最深刻的印象。

1.清水道上的櫻花木頭裝飾。
2.清水寺內的櫻花樹與水池。

由於進入有名的「清水舞台」要收門票，而我也沒有收集「紅與白」（紅葉與櫻花）清水舞台照的興趣，還是把時間留給有眾多老店的清水道、二年坂、三年坂和建於1440年的八坂之塔吧；除了櫻花、紅葉之外，這些刻畫著歷史痕跡的商店街，才是真正能體會京都「古味」的地方啊！

1.清水道上的小販。
2.在清水道上一定會看見化緣的和尚。
3.清水道上一景。
4.一邊賞櫻一邊看彈琴表演，實在是太奢華了。
5.八坂之塔附近有許多老店家，是懂門路的京都人才會來的好地方。
　馬蘭達發現的豆腐店就在這條八坂之塔前的路上。

高瀨川

　　花見小路附近的高瀨川是我第一次欣賞夜櫻的地點，配合兩旁頗具特色的餐廳和店家，又讓賞櫻之行有了另一種樂趣和體驗。和白天的哲學之道或清水道相比，入夜後的高瀨川顯得冷清安靜許多，不同於一個路口外，四条、祇園商圈川流不息的人潮、車潮，這裡似乎是另一個世界，一個能讓人細細體會夜櫻的靜謐之地。

1.高瀨川上的夜櫻,華麗中流露著夜晚才有的浪漫風情。
2.平野神社的燈籠與櫻花。
3.當櫻花樹上的燈泡亮起,表示晚上的盛宴和歡樂派對就要開始了!

平野神社

　　因著丸子屋忠實房客──福澤的推薦,馬蘭達和我來到了位於北野天滿宮旁的平野神社。此地有滿滿的櫻花林,可惜多了些攤販與吵雜的遊客。為數眾多的燈籠,在櫻花林下變成視覺的焦點,日落後,黑暗中的燈海反倒成為櫻花之外最有味道的景象。

上賀茂神社

　　根據上賀茂神社的官方網站表示，這裡是京都最古老的神社之一，正式名稱叫「賀茂別雷神社」，是可以破除厄運的雷神祭所。而舞殿前的兩座圓錐狀的立砂，代表陰陽兩座神山，在陰陽學裡有除厄驅邪的功效，是上賀茂神社非常特別的一景。也許是名氣不夠，這裡的遊客人數少了很多，反而讓我更加記得入口處幾棵櫻花樹的巨大與茂盛。●F

1. 上賀茂神社的厄除御守，保佑人厄運消除。
2. 上賀茂神社的交通御守，保佑人一路平安，開心玩樂。
3. 上賀茂神社入口處的巨大櫻花樹。

1 | 造型奇特的兩座圓錐狀立砂，代表陰陽兩座神山，有除厄驅邪的功效。

2 | 上賀茂神社的御守販賣處。

旅遊資訊

- 圓山公園；東山區祇園町北側625
  市巴士在「祇園」下車
  園內免費參觀
- 清水寺（請參考第35頁）
- 平野神社
  北區平野宮本街1
  市巴士「衣笠校前」徒步2分鐘
- 電話：075-461-4450
- 開放時間：9:00～17:00
- 上賀茂神社
  京都市左經區下鴨泉川町59番地
  市巴士4、46號可達
- 高瀨川
  在四条通與五条通之間；在鴨川旁，
  與鴨川平行

3 | 上賀茂神社內的祈福卡。

鴨川 。

河堤上的悠閒與寧靜

傑利

很多人提到京都或想到京都時，都忽略了京都的好山好水。由於京都三面環河，京都人的許多慶典、生活都和流經京都市的桂川、鴨川息息相關。桂川因為有了嵐山，顯得秀麗；而鴨川則因為祇園的夜生活，增添了一份熱鬧與奢華。每當夏季來臨，在河邊露天的座位上飲酒高歌、享受美食，是京都人夏夜裡的重要活動。

第一次來到赫赫有名的鴨川，是在十一月的紅葉季節，或許是天氣太冷、時間太晚的關係，只覺得四周十分冷清，黑壓壓的一片，不知鴨川為何出名。但隔年四月櫻花季的某個下午再來到這裡時，發現整個景致都不同了，不但兩旁綠意盎然，各處還點綴著盛開的白色櫻花，金黃色的陽光灑落，讓人體驗到早春的活力與溫暖。

1.俯看鴨川上遛狗、騎車的京都人，似乎也感染了京都初春的氣息。

2.擠在一起談天的年輕人，流露著哥兒們的情誼與單純。

京都岔路
Kyoto

1.鴨川兩旁是談天、賞櫻、散步、騎車的好地方。
2.騎著單車,也許是體驗鴨川沿岸風光的最好方法。

　　午後的京都鴨川使我想起西班牙南
方的塞維亞:一樣的恬靜悠閒,一樣的乾
淨溪水,一樣有著嬉笑的孩童與甜蜜的情
侶;馬蘭達和我一邊喝著販賣機買來的罐
裝綠茶,享受著手工豆腐;一邊聽著潺潺
的流水聲,沉浸在遠離鬧區與觀光客的兩
人世界裡。

1.好美麗的櫻花；好幸福的一對小情侶。
2.馬蘭達開心地在鴨川上亨用新鮮的豆腐。
3.能夠讓小孩、老人和狗兒都開心的鴨川。

　　看著慈祥的爺爺帶著可愛的小孩與一旁的愛犬嬉鬧，遠處的櫻花美景不只美麗，亦流露午後的寧靜與悠閒。我細細品味著與西班牙塞維亞相似的熟悉景象，心想：「唯有置身這樣的生活環境，才能懂得什麼樣的生活是值得追求的吧！」

　　若時間許可，利用一個半天或傍晚的時間，獨自來到鴨川的河岸邊，想必可以將繁雜疲憊的思緒沉澱下來，獲得心靈的澄靜與釋放吧！ **F**

鞍馬、貴船。

山中急行之下次一定要做對

馬蘭達

　　還是忍不住要說，京都真的是一個很適合自助旅行的地方，要山有山，要水有水，要櫻花有櫻花，要楓葉有楓葉，要文化絕對有深度，想血拼保證目不暇給，嘴饞了只怕胃不夠大……，多元豐富的內在，全部集中在普通公車兩個小時內可以到得了的範圍，和許多我去過的城市相比，京都的旅遊密度，堪稱數一數二。

　　所以，自從去京都「郊區」（也在兩個小時的車程之內）的大原時，見識到短短時間裡就可到達一個與市區截然不同、彷彿人間淨土的世界後，讓我對同屬東北邊的鞍馬、貴船這兩個知名的郊區景點充滿期待。尤其，聽丸子說鞍馬和貴船是京都夏季最好的避暑勝地，在涼爽的山中散完步還可泡泡著名的鞍馬溫泉，心中立刻打起如意算盤來：剛好可以和市公車範圍內最北邊的「上賀茂神社」一起來個一日遊！

　　只是，人算不如天算……，在出町柳站搭乘叡山電車鞍馬線抵達終點站鞍馬站的我，傻傻的以為，

山林中的鞍馬寺，相當適合搭配鬼怪的傳說故事。

跟著源義經的傳說與可愛的天狗塑像在山上走走，就可以到達貴船神社所在的貴船。儘管選擇搭纜車上鞍馬寺，省掉許多腳程，但不管怎麼走，「貴船口」就是遙不可及。雖然這山路並不像很多旅遊書所説「女子不宜獨行」那樣荒涼可怕，（事實上，滿山的綠意的確相當怡人，再説我也不是一個人），但走了兩個小時，還是沒走到「五十五分鐘應該可以到得了」的出口，時間越來越接近傍晚，就算迎面而來的登山客幫我打氣，我實在是笑不出來啊！

1.貴船神社的宮燈一盞盞亮起來，有點夢幻的味道，好像一不小心就會走入古代。
2.鞍馬寺附近的店家幾乎都有賣這種充滿特色的鬼怪面具。
3.看倌啊！不要忘記先到貴船再去鞍馬喔！這可是我的親身血淚體驗啊！

　雖説如此，都已經走了一大半，也只能咬緊牙根拼了！我加快腳步執著急行，山上快意的涼風似乎也追不上我，連傑利都不禁讚嘆，説我真是個身體強健的奇女子，殊不知那是因為我心中有個堅定的目標。終於到達貴船，我往身後的傑利揮揮手，立即往貴船神社方向走去，呼！幸好神社門口的販賣部還開著，我一眼就看見那張「水占卜」，馬上掏錢買了下來。

　氣喘吁吁的傑利跟了上來，發現我買了一個新奇的玩意，這才了解，我如此拼命的原因，就是為了要玩這個遊戲。我們倆把紙放到水上，原本空白的紙張浮現出「中吉」的字樣，其他的日文解説則是有看沒有懂，忽然間，我整個人就像洩了氣的皮球似的，這才發現天色已近黃昏，貴船神社的宮燈已一盞盞亮了起來。

1.鞍馬寺裡的纜車，搭乘時間可能只有五分鐘吧，但
　要記得先在門口買票，不要像我們呆呆地坐在候車
　亭好久，才發現得先付錢才能搭車。
2.有名的天狗塑像。
3.碰到水，籤上的字就浮了出來，看不懂的人也別擔
　心，還有英文版可以選呢！
4.從貴船神社門口看出去的宮燈。

由於早上太貪心，一口氣去了上賀茂神社和下鴨神社，反而變得沒時間好好看貴船神社。在貴船神社的涼亭上休息了一會，就趕緊往神社前的公車站走去，但傍晚最後一班到電車站的接駁公車也離開了，而且，我還發現上賀茂神社其實有公車可以直達貴船神社，更是欲哭無淚。這時我也只能慢慢散步到鞍馬的前一站──貴船站，幸好只花不到三十分鐘，傍晚有潺潺溪水作伴的路途也很舒適，還遇見住在附近的人正遛著一隻可愛的大黃金，心裡唯一的不平靜，恐怕只剩下不斷地罵自己：「幹嘛不早點來」的聲音吧。

天色已晚，更不可能去泡有名的鞍馬溫泉，相當惋惜。很多旅遊指南都說，從鞍馬走到貴船，會比從貴船走到鞍馬舒適，但其實我

1.山區的鞍馬寺，氣溫較低，夏天是避暑勝地，山上則有一種安靜的蕭瑟感。
2.鞍馬寺外的醬菜店也不少。
3.昆布有這麼多種口味，真想每種都嚐嚐看。

1. 離開貴船神社時雖然沒有公車了，但傍晚慢慢地散步下山，有種平靜的幸福感。
2. 從鞍馬寺看出去的山景相當雄偉，是真正的山中名剎。

旅遊資訊

- 鞍馬寺：左京區鞍馬本町1074
  搭乘叡山電車會先到貴船口站，終點站則是鞍馬站
- 開放時間：9:00～16:30
- 門票：200日圓
- 貴船神社：左京區鞍馬貴船町180

覺得山坡路上上下下的，真的差不了多少，況且鞍馬溫泉在鞍馬站這一邊，應該先搭車到貴船，吃個貴船最有名的「流水細麵」補充體力，再沿著山路走到鞍馬，累一身汗後剛好可以泡溫泉，這才是真正屬於馬蘭達的完美行程啊！

也罷！正面迎接意外，不正是自助旅遊最令人嚮往的地方嗎？畢竟，這樣的經驗，給了我下次非得再來不可的理由囉！ ❶

金閣寺、大原。

雪中的純白京都

馬蘭達

　　京都以櫻花與楓葉最為著名，然而，我卻偏愛下雪的京都。當白色覆蓋這座古老的城市時，京都似乎穿越時空，回到一個沒有太多觀光客喧擾的年代。而此時，恰巧遇到日本慶祝新年的時候，家家戶戶秉持著古老的習俗，掛出吉祥的物品，吃會帶來福氣的食物，京都人紛紛穿上和服，到廟裡去祈福。站在冬日京都的街頭，看著來來往往的人，覺得自己彷彿置身平安時期，那繁盛而自得的平安京。

　　對我來說，純白的京都中最奪目而令人心悅臣服的，恐怕非金閣寺莫屬；常聽到很多人到金閣寺後感到失望，認為它只不過是個「亮晶晶」的建築罷了，我真的要說，那是因為他們沒有見過「雪中金閣」的緣故。還記得第一次到金閣寺時，天空飄著細雪，我低著頭從門口走入，一抬頭，幾乎毫無預警地倒抽了一口氣，那雪中金閣就這樣與我對望，霎時我完全無法轉移目光，難怪有人會忌妒金閣寺「太美」，要放火燒了它。我在金閣寺還遇過一位英文講得很好的日本太太，她拿著單眼相機，激動地對我說，這是她第三次來金閣寺：「真的！雪中的金閣最美！」

　　京都東北郊區的「大原」，則是另一個屬於白雪的領地；其實大原的夏日有翠綠嬌嫩的一面，楓葉紅時也是秋意正濃，但冬天的大原，卸下了一身紅塵，回到那個

走過轉角，令人驚豔的「雪中金閣」太不真實，簡直不像人間能夠擁有的珍寶。

京都
Kyoto
岔路

一千年前、高僧尋覓至此隱居修行的年代，無邊無際的白，三千院、勝林院、寶泉院、寂光院……座落其間，踏著白色的石階拾級而上參拜，心中的雜質也隨著腳步一點一滴褪去。天空顯得份外澄淨，遠處的僧人在石階上方舀起煮熱的甜清酒微笑等待，這天地的白如此純粹莊嚴，令人心安。

而純白京都最熱鬧繽紛的，則是那逐步堆積出來的年節氣氛。年節接近時，京都人循著千年流傳至今的習俗，忙碌地準備起

1.靜謐的三千院一景。
2.勝林院雖不大，但在冬日裡，時空彷彿凍結，自成一個天地，莫名地吸引人。門口連賣票的人都省了，自己投錢進去吧。
3.從勝林院望出去，白雪靄靄。這些寺廟不知在大原這個地區安居多久了？

來，直到除夕的一百零八聲鐘響，慶祝與狂歡如煙火般爆發，京都的夜間參拜公車載著滿滿的人潮從這個寺廟開到那個寺廟，每個寺廟前都是燈火通明的攤販。京都人盛裝笑著，同時雙手合十、虔心禱告，置身其中，讓人忘了那已是深夜，過年的京都也許一直都是個徹底的不夜城吧。

第一次來到京都，就是為了尋覓那過年的氣氛，而京都的年果然沒讓我失望，那純白的京都，始終都在我心中佔據了第一的位置。**F**

1. 今宮神社前過年排隊祈福的人潮。
2. 過年時幾乎每個神社都會擺滿酒、食物等豐盛的祭品。

Chapter 2

京都生活篇

在京都，旅遊這件事被無意遺忘了，不知不覺中彷彿成了京都人，飛也似地騎著單車，轉過驚鴻一瞥的街角後猛然煞住，是家透著黃燈的麵包店，或者，一整個下午就慵懶地躺著翻閱一本又一本的漫畫書，在京都，就讓時間盡情的流逝吧！

東寺、知恩寺。

露天市集與手作市場的尋寶之旅

馬蘭達

　　世界很多城市都有露天市集，有時又稱為二手市場、跳蚤市場等等，由於這些市集賣的東西多半來自一般尋常人家，所以，想了解當地的生活，到市集逛逛準沒錯。當然，京都的露天市集，不管哪一種類型，走的絕對是濃濃的京都風。

　　我最喜歡的京都露天市集有兩個，一個在東寺，一個則在京都大學附近的知恩寺。

　　東寺的露天市集每個月二十一日至少會舉辦一次，算是京都規模最大的二手市場，若遇到特別的日子還會擴大舉辦，像我第一次去東寺的露天市集時，是日本人的大年初一，好幾百個攤位浩浩蕩蕩排開，逛完腿都軟了。

　　東寺市集最大的特色在於二手和服，畢竟京都是全日本最多人穿和服的地方，所以，想買便宜的二手和服或相關製品，到這兒來絕對不會失望。

　　記得有天晚上，在丸子屋遇到一位老先生來拜訪丸子，他是全日本最大的二手和服業者，那天剛好去東寺擺攤，據說他一個人就擁有三個以上的攤位。當他忙不過來的時候，偶爾也會找超愛買和服、買到跟他變成朋友的丸子去幫他「顧攤」。聊到興

每逢知恩寺手作市場的市集時間，總是人山人海的景況。

1.看到老人像小孩一樣的開心笑容，就知道二手市場的魅力所在。
2.東寺二手市場內可以看到很多非常具有京都味的玩偶。
3.除了二手商品外，形形色色的京都人也是市場內有趣的焦點。
4.不知道老闆穿的圍裙有沒有得賣？

致來了，老先生還大方地跑回車上拿出好幾件作工精細的和服讓我們試穿，真是賺到啦！想知道他當天在東寺賣出多少和服嗎？答案是……超過兩千件！

不過，逛市集最讓人「血脈賁張」的，恐怕是日本其他地方很難享受的殺價樂趣吧，像同樣也是丸子屋住宿客人的福澤，就曾驕傲地展示他在東寺的戰利品——一件男性和服外衣，居然只要300元日幣！他得意地說，那是因為下午快要收攤了，才有這個價錢。真是過份耶！為何每天睡到太陽曬屁股還不起床的懶蟲會遇到這種好事？

1. 手作市場內最大的特色，就是販售許多年輕女孩自己設計的手工藝品。
2. 感覺這些手作市場內的年輕創作者志在交流，不在錢賺得多少。
3. 手作市場裡到處可見充滿設計感的可愛作品。

　　除了二手物品，市集內通常還有一些賣小吃的攤位，讓逛累的人補充一下體力，一般觀光客也可趁機體會日本的路邊攤口味。雖然好不好吃全憑運氣，但大年初一那次，天氣還很冷，逛一逛攤位後躲進有圍籬的烏龍麵攤取暖，熱呼呼的麵條，再加上幾塊熟透軟爛的關東煮，吃起來特別美味！

　　至於知恩寺就不賣二手貨，標榜的是「手作市場」，從吃的手工餅乾到手工創意雜貨都有，最能展現京都人的生活巧思與品味，每個月的十五日固定舉行，通常都是人山人海。只要細細挑選，此地是可以找到不少獨一無二商品的好地方。

| 1、2. 手作市場裡的賣家往往也是設計師、創作者，所以個人造型絕對不能馬虎。

攝影花絮
PHOTOGRAPHY

　　對於京都露天市集的印象來自於東寺和知恩寺兩個地方，對於旅遊時愛拍當地人的我而言，能夠拍攝在京都當地市集擺攤的小販再開心不過，但和專賣二手物品的東寺相比，標榜年輕藝術工作者的知恩寺「手作市場」就有意思多了！

　　除了台灣近兩年開始流行的「手創」商品拍起來比較特別之外，手作市場裡不少年輕的帥哥美女也引起我拍照的興趣。在人潮洶湧的市集中抓取人物特寫並不是件容易的事，中望遠的24-105mm鏡頭這時就派上用場了，配合超音波馬達的快速對焦，不管是快拍、側拍或者抓拍，都還算得心應手。

　　唯一的困擾就是必須忍受有些小販的白眼或當場拒絕，這時候就得厚著臉皮小小的說聲：「抱歉！打擾了！」然後識相地到其他攤位拍攝，當然，要是有70-200mm以上焦段的望遠鏡頭，那就更好了，遠遠的拍照，不但可以避免尷尬，而且還能模糊不必要的背景與人潮。

旅遊資訊

- 東寺：京都市南區九條町1，市巴士「東寺東門前」
- 露天市集：每月二十一日 9:00～16:30
- 知恩寺：京都市左京區田中門前町103
- 手作市集：每月十五日早上9:00到傍晚

　　如果要抓到年輕手創工作者的漂亮笑容，禮貌性的自我介紹、說明來意、爭取好感，似乎是無法避免的工作，雖然很花時間，又容易引起誤會（以為是來搭訕的），不過為了好作品，適當的溝通以及與被拍攝者之間的互動還是必要的，我想，這也是想成為專業、稱職的攝影師必須學習的，總不能一輩子躲在旁邊，像狗仔隊一樣偷拍吧！ F

1. 可愛的佐內小姐，不但好心地讓我拍照，還告訴我她曾經到過台北旅遊的趣事。
2. 佐內小姐設計的可愛記事本。
3. 可愛的毛線手套與提袋。
4. 可愛的毛線帽與鞋子。

京都
Kyoto
岔路

花見小路。

真假藝妓中的追逐

傑利

　　還沒到京都之前就一直思索著，到底要拍什麼，才最有京都味呢？

　　想了很久，發現除了紅葉、櫻花、名寺古剎外，藝妓可說是最能代表京都的圖象。

　　拍紅葉、櫻花、名寺古剎不難，基本上只要找對地方就ok了，但要找京都藝妓可不容易啊！不僅要找對地方、選對時間、耐心等候；藝妓出現時，厚著臉皮，不怕路人側目地追著藝妓跑，更是必備的技能。

　　就算天時、地利、人和樣樣具備，想拍到藝妓還需要不錯的照相器材；沒有長焦段的望遠鏡頭和性能不錯的相機，就無法捕捉到藝妓的特寫與瞬間的神韻，於是乎，拍京都的照片很多，但能抓到漂亮藝妓畫面的，卻是少之又少啊！

　　第一次到京都時，在清水寺和清水道附近遇見不少看似藝妓的女孩，不過根據情報顯示，一般藝妓根本不讓人拍，所以我知道這些大方看鏡頭的，都是所謂參加「藝妓體驗之旅」的日本女孩。雖然知道是假的，但襯著清水寺的紅葉林，拍起來真是美極了，一下子就吸引大批觀光客擠在她們的身前身後，拍個不停；至於那些不肯看鏡頭又有點年紀的，就十分有可能是「真」藝妓了。拜我的24-105mm L鏡快速對焦的神奇功能所賜，在眾多人群中搶拍了不少好鏡頭。

| 祇園的花見小路，才是真藝妓出沒的大本營。

京都岔路
Kyoto

在清水道上的不少店家，都可以看到華麗高貴、風情萬種的藝妓玩偶。

1. 清水寺發現的藝妓體驗女孩。
2. 清水道巷弄裡的藝妓體驗雙人組。

祇園附近的「花見小路」是京都藝妓出沒的大本營，傍晚六點到七點之間，總是擠滿了想與「真」藝妓面對面接觸的遊客，當然，也包括我在內。特別選了一個傍晚來到此地，只聽到一陣驚呼、一陣騷動，「真」藝妓就這麼出現了，整個過程可用「驚鴻一瞥」來形容。神色匆匆的真藝妓，幾秒之間就跟著客人進了計程車揚長而去，留下我們這些抱著遺憾的觀光客，黯然等待下一位藝妓的出現。幸好有馬蘭達的幫忙，她負責找藝妓，我則專心拍照，成效還算不錯！

我親眼看到一位台灣女孩直接追上前跟藝妓說：「能否停下來拍張照？」想當然爾，藝妓頭也不回、不理不睬地離去。我心中不禁想：「唉！這位小姐，你嘛幫幫忙，做做功課嘛！要是藝妓會停下來讓妳拍照，我就把相機吞下去！」

花見小路裡各個大門深鎖的店鋪之於我，一直有高度的神秘感，總覺得要砸下重金才能一窺究竟，對於不想花大錢的人來說，等待藝妓出現也許就是到京都最省錢的必經行程吧！到底等待藝妓有什麼意義呢？對多數人而言，也許只是為了要滿足對藝妓與京都的好奇吧。

旅遊資訊

• 花見小路：祇園旁，京阪本線「四條站」徒步5分鐘

　　不管是「真」藝妓還是參加體驗之旅的「假」藝妓，不管是側拍、快拍，還是抓拍，想要拍到一張清晰的「藝妓照」，除了要有中望遠以上焦段的鏡頭外，最重要的是，要謹守「快、狠、準」的三字訣。

　　「快」就是「動作要快」，一有風吹草動馬上拍，毫不遲疑。

　　「狠」就是「卡位要狠」，瞬間卡好絕佳位置，稍有遲疑，好位子馬上就有被搶走的可能。

　　「準」就是「對焦要準」，即使動作再快，卡位再狠，要是對焦不清，什麼都不用說了！有種號稱「一鏡到底」18-200mm的鏡頭，方便歸方便，對焦速度可是慢得出名，別說我沒提出警告喔！

　　至於構圖美不美，有沒有拍出藝妓的味道，那可就是個人「台上三分鐘，台下十年功」所展現的快拍功力囉，大家平時多練習吧！ **F**

| 花見小路的店家，充滿了神秘感。

漫畫博物館。

漫畫迷的天堂

傑利

在京都發現漫畫博物館是很偶然的事。記得有天晚上和丸子以及丸子的鄰居——「漫畫小天后」亞希子（Akiko）聊到日本的漫畫，我跟她們說，我和馬蘭達都是從小看日本漫畫長大的，雖然我們成長的國度不同，卻有著共同的成長背景與漫畫文化。

「雖然你們是日本人，我們是台灣人，但我們都有相同的文化！」我和她們這樣說，結果大家都笑了！靠著共同熟悉的漫畫，似乎輕易地就打破了國家和語言的距離。

當亞希子問到我最喜歡的漫畫家時，我一連說了鳥山明、手塚治蟲、安達充、高橋留美子、北條司等大師，當然壓軸的，就是我的最愛——《灌籃高手》的作者井上雄彥。雖然沒有一位漫畫大師的名字我能用日語說出口，透過「筆談」和「漢字」，還是能了解彼此喜愛的漫畫及漫畫大師。

不知是否因為感受到我對漫畫的喜愛，能畫出專業漫畫的亞希子特別說，她要介紹一個好地方，保證我一定會非常開心。

「究竟是什麼地方啊？」我問亞希子。「介紹你有看不完漫畫的漫畫博物館喔！」長這麼大，頭一回聽到有這麼酷的地方，漫畫還有博物館喔？「你一定會覺得像到了天堂！」亞希子不斷慫恿我，要不是天色已黑，我真想立刻出門去看看這個「漫畫博物館」！

聚精會神地看著漫畫的大叔。看到他，彷彿找到了難得的知己、難尋的同好。

好不容易到了第二天，馬蘭達和我來到了這座位於市區的漫畫博物館（後來才知道這是所小學改建的），還沒進門，就已經看到一堆人在外頭的草坪上專注地看著漫畫，躺著、仰著，各種姿勢都有，看起來何等快活！一進門就看到櫃台旁陳列的漫畫週邊商品，頓時有種想掏錢的衝動。入口處一套套的漫畫陳列在架上，不管是《H2》、《海賊王》還是《灌籃高手》……都有，漫畫看了幾十個年頭，終於有幸見到這些原版漫畫，實在是感動到快落下淚來！

這裡除了收集許多當代的漫畫作品，地下一樓也很有看頭——收錄了許多很久以前的老漫畫，當我看到很多現在已經被遺忘的漫畫，如《課長島耕作》、《北斗之拳》、《少年快報》等出現在眼前時，心中真是激動莫名，像是和失散幾十年的老朋友相聚，興奮之情難以言喻。

| 琳瑯滿目的漫畫書，可以說明漫畫對日本人的重要性。

1. 一本又一本的老漫畫，勾起過去童年的回憶。原來京都人跟我們都有共同的「漫畫文化」啊！
2. 能夠無憂無慮地躺在草地上看漫畫，真是一大快事！

從小到大都有種感覺：台灣的父母總認為漫畫不入流，不是可以搬上檯面的正當休閒，甚至長大後也不太願意跟人說自己有多愛漫畫，怕被人笑說：「這麼大年紀了，還看什麼漫畫啊？」難得在京都找到這個漫畫天堂，可以大方且恣意地看著各種漫畫，那種被認同的快樂，不是言語或文字能輕易表達的。

在漫畫博物館裡，第一次看到這麼多愛看漫畫的人，不論是五歲還是五十歲，不管是獨自一人還是一群人圍坐在一起聚精會神地看著漫畫，都令人感動；我拿出心愛的24-105mm鏡頭，用望遠端喀擦喀擦地捕捉這些認真看漫畫的人。不知是不是大家都太投入了，竟然沒人正眼瞧我一下，這樣反而讓我留下許多精彩的照片，張張訴說著對漫畫的熱愛……。

我想，是不是只有在日本，才能接受所有對漫畫存著感動與想像的人呢（無論他們屬於哪一個年齡層）？這裡是每個漫畫迷的天堂，只要還有顆愛漫畫的赤子之心，歡迎來到漫畫博物館！ F

旅遊資訊

- 京都國際漫畫博物館
  Kyoto International Manga Museum
  京都市中京區烏丸通御池上路（原龍池小學）
- 電話：075-254-7414
- http://www.kyoto-seika.ac.jp/kyotomm/

京都
Kyoto
岔路

嵐山。

紅葉小火車與各式各樣的京都電車

傑利

　　如果不是丸子的介紹，或許馬蘭達和我的京都之旅會淪為平淡的「巴士之旅」。不是巴士有哪裡不好，事實上，500元日幣的巴士一日票的確便宜，也相當好用，但因為京都有巴士、電車、JR鐵路等不同的交通工具（自行車應該也算一種），來到京都不全部體驗一下，實在有些可惜。

　　除了自行車外，我們分別搭乘了觀光小火車及一般電車，享受了非常有日本味的「小火車、電車、鐵道之旅」。

　　日本秋冬紅葉季的嵐山小火車（全名為「嵯峨野特羅克列車」的觀光火車）十分熱門，旅遊旺季時一定要事先預購車票。雖然我們第一次搭乘時已事先買好，但由於走錯路線，跑到離小火車嵐山站較遠的阪急電鐵嵐山站，而非JR線的嵯峨嵐山站，害馬蘭達和我一大早還睡眼惺忪，就必須在嵐山街道上狂奔，完成十分鐘內穿越渡月橋、嵐山公園、嵐山商店街的「壯舉」，最後順利趕上第一班的嵯峨野特羅克列車。

　　嵐山小火車沿著風光秀麗的保津川行駛，沿途盡是紅葉林，壯麗非凡。當火車經過時，隨風飄落的紅葉和地面被捲起的紅葉交織成一片，而保津川上的紅葉山林更是

1. 嵯峨野兩旁的紅葉。
2. 嵯峨野列車長的鵝黃色西裝，相當搶鏡頭！

1. 嵯峨野列車上會有列車長喬裝成妖怪，跟列車乘客鬧成一片，相當有趣。
2. 終點站龜岡，有一群狸貓守護著這片美麗土地。

壯觀，河面還不時有搭船的遊客與火車上的乘客打招呼。有點後悔沒坐在第一節那種露天的車廂，因為在那裡可以享受伸手就能接到片片紅葉的喜悅。

　　從疾駛的火車上探出頭拍照雖然危險，卻是件興奮且刺激的事，讓我回想起小時候搭火車的開心和新鮮感。不過在高速下，想要拍出清晰不晃動的照片是一大難題，原本我用「AV光圈先決模式」讓相機自己去找到合適的快門速度，不過後來一看，模糊的照片不少，似乎還是轉為「TV快門先決模式」比較妥當。

　　除了小火車之外，京都的小型電車其實是我最喜歡的一種交通工具；外表小巧可愛的電車，兩、三節車廂的迷你設計，不論是火車迷或愛旅遊的人，相信都會愛上這裡的小型電車，想一坐再坐。從嵐山觀光大街上的嵐山站所搭乘的京福電鐵，是我們最先乘坐的電車，兩節式車廂，可算是京都最迷你的，而到了櫻花季還會變裝成粉紅色的櫻花列車，超級可愛！

　　2007年四月初到京都時，為了拍那傳說中的櫻花列車，我可是在平交道、電車車站足足守候好幾次呢！

　　而到鞍馬、貴船搭乘叡山電車，又是另一種新奇的感受，從京都市區出發，沿途景色慢慢轉變，從都市、小鎮，最後來到盡是針葉林的深山裡，短短半個多小時，就可以遠離塵囂，享受田園山林之美，而四月初搭乘時，沿

途全是櫻花林，更是美不勝收。京都人不用花大錢，在電車上就能輕鬆地看盡美景，真是令人羨慕。

　　我喜歡站在電車第一節，看著電車長操作電車，也喜歡從電車長的身後用長鏡頭捕捉迎面而來的風光；看著對面來往的電車，看著每一站上上下下的乘客……，人生的奇妙正如同旅者搭電車，不知下一站會停靠何處，也不知何時會遇到像丸子那般有趣的朋友，永遠充滿了驚喜。

1.在電車最前頭，可以全程看到列車長如何操作電車以及迎面而來的美景。
2.看著電車操控台上的各式設備，相當有意思。
3.電車上有著各色各樣的乘客，是個「觀察」京都人的好地方。

京都
Kyoto
岔路

不過可以確定的是，我搭乘的列車始終都有一位重要的乘客——馬蘭達，和我一同搭乘，不管到了哪裡，經歷了多少站，永遠在一旁陪伴著我，讓我有動力繼續探索人生的旅程！

　　註：嵯峨野特羅克列車是沿保津峽行駛的旅遊觀光專用小火車，起點為嵯峨野站，終點站為龜岡站，運行七十三公里，往返一趟需要一小時，列車每天往返八次。事先預訂車票才能確保有位子坐喔！

1.在電車上，發現手機是京都人坐電車打發時間的好東西。
2.非上下班尖峰時刻，電車上的人少了很多，坐電車變成是一件挺愜意的事。

京都市。

勇敢的單車雙人逍遙遊

傑利

　　從一到京都開始，血液中的冒險因子就蠢蠢欲動，一直想拋去習慣搭乘的巴士、地鐵、電車，來個整天的「京都單車逍遙遊」。當然，要實踐這個小小的「壯舉」，除了兩條腿之外，還必須有兩台自行車供我和馬蘭達使用，這時民宿主人丸子的「免費」自行車就成了最大驅力！

　　興沖沖的把這個自以為很酷的點子告訴馬蘭達，結果她說：「哼！我看你八成是想趁機省下巴士、地鐵的交通費吧？」哈！真是「生我者父母，知我者老婆大人也」，怎麼一下子就被馬蘭達洞悉我的意圖了呢？

　　第一次騎車上路是2006年十一月，因為不用一大早就跟人擠公車，刻意賴在被窩多睡了半個多小時，等到出門時，已經接近九點。這一天的京都又是個風和日麗、陽光普照的好天氣，一路上，騎車的人不少，全都井然有序地沿著人行道上的自行車道前進，當冬日和煦的陽光灑在我們的臉上時，有一種前幾日沒有的輕鬆與自在，霎時間，彷彿我們也成為京都的居民，與當地人呼吸同樣的空氣，過著同樣的生活。

　　京都的大路像棋盤格一樣，方方正正、簡單明瞭，手持從巴士上要來的京都地圖，一路上幾乎沒迷路過。途中我們在祇園附近美麗的白川旁照了幾張照片，約一小時便到達了目的地──清水道。早上十點左右，藝品店林立的清水道上已經人潮洶

隨處可見京都大大小小的寺所。

京都
Kyoto
岔路

103

1.騎著車，更能感受京都市區的不同面貌。
2.哲學之道前的壯觀景色。
3.途經祇園白川的秀麗風光。

湧，只好先把自行車停放在路旁巷道中，暫時先結束我們的單車行。在清水道與大名鼎鼎的清水寺內消磨到下午一點多，我們再度跨上可愛的單車，向位於北邊的永觀堂前進。

對已在京都多日的我們而言，不同於搭乘巴士或地鐵，騎自行車更能體會到整個京都的風貌，不論是丸子屋附近「西大路四条」的繁華熱鬧、祇園附近的小店風情，還是清水道的古意盎然；一幕幕不同的京都面貌，都讓我們感到驚喜。

一腳一腳「踩」出來的京都行，似乎更加真實、更為深刻、也更有成就感！

下午四點半左右，天色漸暗，我們離開今日的最後一站——永觀堂，開始踏上歸途。天黑後的單車之旅不再那麼有趣了，十度以下的冷風開始讓馬蘭達和我覺得越來越冷，雙腳也越來越沉重，回程只騎不到半小時——我們才騎過祇園而已，還誤闖最熱鬧的「四条河原町」，結果此地禁止自行車通行，只好用牽車的方式步行通過，又延誤了不少時間。

在黑暗中頂著冷風，用走了一天的雙腿賣力地踩著自行車前進，我開始有點懊悔，幹嘛這麼「勇敢」地跑到那麼遠的地方，實在是虐待老婆；好在馬蘭達此時不但不怕冷，還表現出「正常男人」應有的堅強毅力與體力，實在太令人欣慰了！約莫一小時後，當丸子屋在燈火闌珊處出現時，真有種歷經千辛萬苦，終於回到家的感動！

迎接我們的，除了有可愛的丸子小姐外，還有一屋子的日本朋友；日式涮涮鍋早就準備好了，瘋狂的「中日轟趴」大會即將開始！我有預感，這將是個不醉不歸的夜晚！

1

2

1.一手騎車一手拍照，沒練過不要輕
　易嘗試喔！
2.打扮入時的年輕男女輕鬆地騎著
　車。

攝影花絮
PHOTOGRAPHY

　　一邊騎車一邊背著數位單眼拍照，是件充滿挑戰卻很有意思的事，可以非常機動地獵取各種畫面，這時鏡頭就該使用中望遠以上的焦段，不管是路人、迎面而來的「騎士」、店家、招牌或路上的各式車輛，都是有趣的題材。故意把馬蘭達的騎車背影當主體，從後方拍攝馬蘭達到京都各地的「到此一遊」照也是我愛拍的素材之一。為了充分快拍，鏡頭蓋不能蓋上，同時還特別把遮光罩套上，主要原因不是因為要擋陽光，而是怕晃啊晃的，把貴重的L鏡撞壞，就損失慘重了！

　　有幾次試著一手騎車、一手拍照，效果竟然出乎意外地好，不知是手上24-105mm這顆鏡頭的IS防手振發揮了強大功效，還是我的單手騎車拍照技術特別「神」呢？當然，這種危險動作哥哥有練過，騎車不穩或相機太高檔的人，千萬不要隨便嘗試，別說我沒事先警告喔！ F

河童與清酒。

啦……撒酷拉……！河童與清酒博物館

馬蘭達

　　位於京都南區的「伏見」以好水聞名，是日本清酒的發源地，當地有不少和清酒有關的景點，其中最出名的莫過於著名日本清酒品牌「月桂冠」的「月桂冠大倉紀念館」了。這座紀念館改建自古老的清酒廠房，房子中有幾根大樑都是用巨大的神木製作而成，相當雄偉，重點是，只需花區區300元日幣的門票錢，就可參觀製酒過程與歷史，現場也可試飲包含博物館獨賣的三款甘甜爽口清酒，最後還能拿一罐小巧可愛的紀念酒回家當伴手禮，真是超級划算！

　　不過，除了大名鼎鼎的「月桂冠」外，其實伏見當地還有一間很有趣而且是免費的「黃櫻」博物館。「黃櫻」這個清酒品牌，恐怕大部分的台灣人都沒聽過，但它可是日本家喻戶曉的清酒老牌，而當年幫「黃櫻」打出一番天地的不是別人，正是「河童」。

1. 在月桂冠博物館裡可以深入了解清酒的製作過程。
2. 博物館的院子裡有甘甜的泉水，是清酒甘醇好喝的重要秘密。
3、4、5.
博物館內還展出很多過去用來製作清酒商標的物品。

3

1

2

4

5

旅遊資訊

- 月桂冠大倉紀念館
  京都市伏見區南浜町247
- 開放時間：9:30～16:30
- 門票：300日圓
- 電話：075-623-0256
- http://www.gekkeikan.co.jp

- 黃櫻紀念館
  京都市伏見區塩屋町228番地
- http://www.kizakura.co.jp/chokuei/
  country_index.htm

什麼是「河童」？，可能台灣人也不太了解，但從日本的漫畫、故事中，或許多多少少聽過這個名詞。河童有點像我們民間故事中的東海龍王，也有點像西方的美人魚，是日本傳說中住在河裡的民族。

1、2. 黃櫻博物館裡有很多河童可愛的雕刻。
3、4、5. 博物館裡還有各個時代、不同長相的河童展品，而商店裡則可直接把可愛的伴手禮買回家。

　　為什麼河童會和「黃櫻」有關？簡單説，是「黃櫻」找了河童當「代言人」。原來，早在黑白電視的時代，「黃櫻」這個品牌就善用代言手法，利用一系列河童手繪卡通打廣告，配上朗朗上口的廣告歌曲，讓「黃櫻」清酒大受日本民眾歡迎。現在到黃櫻紀念館，只要按一下電視自動播映開關，就可以欣賞到不同年代的黃櫻廣告，早年的河童卡通幽默逗趣，主題曲輕快簡單，看下來連我都開始不由自主哼起「啦啦啦……撒酷拉……」呢！

　　黃櫻紀念館裡有一個專門的「河童展示館」，讓有興趣的人能更對河童這個「族群」有更深入的了解，尤其，販賣部有各式各樣的「河童家族」紀念品可以選購，相當具收藏價值。我看過丸子有一套河童磁盤非常可愛，讓我羨慕不已，為了這磁盤，我後來還特地再一趟伏見買下它，才心滿意足。 ⓕ

1. 在參觀月桂冠大倉紀念館到最後，就可以試飲三款好喝的清酒了！
2. 黃櫻博物館中早年可愛的河童卡通廣告，很有40、50年代的味道。
3. 黃櫻博物館的招牌，上面就是個女河童的圖案。

京都・烟河・

開去又開回的溫馨接送車

馬蘭達

　　到嵐山賞楓後，泡個舒服冒汗的溫泉，把自己餓到肚子咕嚕咕嚕地叫，再來一份香濃的野菜咖哩，「開動啦！」，還有什麼比這更好的ending呢！

　　「京都・烟河」溫泉旅館，其實是第一次造訪京都時意外發現的「超便宜高檔溫泉」，因為同行的友人是溫泉狂，所以，我們去京都前唯一做的功課，就是問：「哪裡有溫泉？」想不到，有位號稱去日本超過一百次的長輩的回答竟是：「京都沒有溫泉！」

　　這位長輩還勸我們一定要去離京都約三個半鐘頭車程的「城崎」（某高級溫泉飯店）住一晚，據說是非常優的溫泉，況且那種價格「一點也不算貴」。我們雖然不停地點頭，頻頻說：「對啦，其實真的不算很貴啦」，但到京都第一件事，還是找人問：「京都附近有沒有溫泉？最好不要太貴的。」

　　這就是我們最後從京都當地人口中，意外得知「京都・烟河」的過程，這也才了解，過去京都的確沒有溫泉，但和台灣一樣，隨著探勘、挖掘技術的進步，現在很多地方都已經有了溫泉。只是，前往「京都・烟河」時，又發生了一件插曲。

　　「京都・烟河」位於京都附近的小鄉鎮──「龜崗」，當地的溫泉被統稱為「湯之花」，算是離京都最近的優質溫泉區。從京都坐JR到龜崗，車票也只要200元日

菜單裡的很多食材都來自當地，農家種的野菜、龜崗特產黑豆等等。

1. 往「京都‧烟河」的路上景色。搭免費接駁車從車站到旅館約需二十分鐘。
2. 就是這些超級大南瓜，讓我們差點沒車坐！

幣，相當便宜，但到了龜崗站後我才發現，想要去「京都‧烟河」，還得換坐公車，而且票價將近500元日幣，為甚麼公車會比火車還貴啊？

上了公車後，不知怎麼回事，司機先生一直指著外面的一輛廂型車，車上的男女老少也跟著議論紛紛，但我們都聽不懂日文，司機先生最後只好嘆口氣，把車開走。等抵達「京都‧烟河」後，才總算搞懂，原來車站外停的那輛廂型車，是「京都‧烟河」的免費接駁車，也就是說……我們白白浪費了500元日幣！

幸好我們很快就發現，「京都‧烟河」白天有溫泉套餐，泡湯加用餐只要區區980元日幣，心理總算平復了一些！進入湯屋後，更發現「京都‧烟河」雖不是老式溫泉，卻有著飯店級的設施，不同溫度的池子、按摩池等一應俱全，戶外還有個用竹籬笆和石塊砌成的露天溫泉。在戶外池中抬頭往上看，昨天剛下過雪的天空很藍，吸進肺裡的空氣冷冷的，池子則冒著氤氳的白霧，感覺非常舒暢！

泡完了溫泉，就到飯店一樓的餐廳用餐，雖然是泡湯組合的超值套餐，但選擇很多；我吃過龜崗盛產的「丹波」黑豆做成的涼麵，十分爽口，但冬天吃有點冷，我最喜歡的是野菜咖哩，當地農家種的蔬菜很新鮮，咖哩味道又香又濃且有點微辣，配上香Q的白飯，再來碗味噌湯，歐依希喲！

　　話說回來，有了一次親身經歷後，雖說要慢慢玩，但龜崗泡溫泉和搭嵐山小火車放在一起，實在可以變成一個超級無敵省錢又有效率的行程，因為龜崗就在嵐山再過去一點的地方，早上從嵐山搭小火車到龜崗站，只要再走一下就可抵達JR馬掘站，馬掘的下一站就是JR龜崗站，算準時間，「京都・烟河」的接駁車剛好在外面等著，泡完溫泉剛好中午左右，再來一客香噴噴的野菜咖哩，這行程還真是豐富又緊湊啊！

　　不過，若想把握每一分每一秒，還真的大意不得，第二次到「京都・烟河」時，本來一切都依照計畫進行，但我心滿意足地吃完野菜咖哩後，發現飯店門口有兩個超級巨無霸的大南瓜，興奮地和它們拍照留念，想不到，拍得太高興，一轉頭，門口那輛接駁車時間一到，竟不聲不響地就開走了。

　　我火速衝到櫃台，一下子比著牆上的時鐘，一下子比著桌上的時刻表和已經看不見蹤影的接駁車方向。幸好，原本英文很不流利的櫃台小姐突然開竅，立刻拿起電話聯絡，掛上電話後溫柔地對我們說：「待就卜」（沒關係的），不到一分鐘，遠處就出現了一輛車⋯⋯，司機先生回來了！

　　很感動卻又很不好意思，幸好車上只有一對年長的夫婦，我們頻頻對兩人與司機先生說：「速咪媽線」（對不起），也再次為日本人的守時與服務精神深深折服⋯⋯，我下次一定會再來的！🅕

旅遊資訊

・ 京都・烟河
　京都府龜岡市本梅町平松1-1
・ 電話：0771-26-2345
・ http://www.kameoka-heights.com/

源光庵。

動靜之間看見禪

傑利

　　在逛過京都數十間「名寺」，拍了幾千張照片之後，我十分訝異，京都大大小小的寺廟竟都有著不同的味道和風情，幾乎沒有一間讓我後悔一遊。

　　不過，源光庵給我的感覺非常特別，這座既小又沒有知名美景的寺廟，卻是我覺得在京都最具「禪味」的地方。

　　要不是因為丸子屋的一位旅客——福澤同學每次到京都一定會去源光庵，引起了我們的興趣，否則我們應該不會來到這裡吧。

　　到底是什麼樣的理由可以讓福澤同學每回都造訪此地呢？福澤告訴我們，他每次都刻意花上一天，來源光庵靜靜消磨時光。

　　基於好奇，馬蘭達和我追隨著福澤的腳步來到源光庵，想找到它定期召喚福澤的魅力，也想看看這間小小的寺廟裡究竟隱藏著些什麼，足以讓人在此待上半天。

　　不知是否是離開了市區的關係，搭乘巴士抵達源光庵時四周一片寂靜；包含我們在內只有不到十名遊客。進入本堂，有種難得的寧靜，這是我逛了京都不下十間「名寺」後，第一次碰到如此安靜的地方。

　　刻意來到其中最知名的兩扇具有禪意的大窗（圓形的「悟之窗」代表心的修為、宇宙圓通融合；方形的「迷之窗」則代表生老病死與四苦、八苦等意涵。），因為沒人，我坐在窗邊許久，周遭太過安靜，連自己的呼吸和心跳都能清楚聽見；窗外的庭院乍看之下是靜止的，但時間一長，就會發覺每一秒都有細微的變化，風吹、葉落，生生不息，彷若世間的生老病死、因果輪迴。

　　說也奇妙，彷彿就在裡外一靜一動之間，我想起許多事，包括過去、未來、我的家人與馬蘭達；也許，一時之間我無法參透人生或宇宙的奧秘，但這許久未曾感受到的寧靜，卻讓旅途中馬不停蹄的心獲得

心有多小，世界就有多小；心有多大，世界就有多大。

暫時的紓解和休息。也許不是空間的寧靜，而是心靜；靜下心來自然能夠看到更多、想到更多。

　　也許日本的禪師就是在這片寧靜中，拋開了種種繁雜俗務、虛偽假象，得以看到最真、最無所保留的自己；當人的心境回歸到最原始的狀態時，才能發現外頭的天空是多麼的遼闊，而人生的悲歡喜樂、生老病死正如同四季交替，週而復始，無法避免，只能平心看待。

　　從窗外的一角瞥見一片竹林，風吹過時發出「沙沙、沙沙」的聲響，不禁又讓我想起虎尾的竹林，想起過世的外公、外婆，想起那段塵封已久的兒時記憶……。

　　好好聽的竹林聲……，「沙沙、沙沙」地滑進我的心底……，好想好想再多聽一會兒，不知何時，眼淚已悄悄從臉頰滑下，不知是感動還是思念，是難過還是高興，幸好遠處的馬蘭達完全沒有察覺……。

　　就這樣讓眼淚慢慢乾去吧，反正身旁沒人，這一刻就讓我靜靜地獨享吧！我想，福澤同學每次來京都都要到此地一遊的秘密，被我找到了！

禪師說：先坐下來，靜下心，自然能找到禪。

| 一個人坐在源光庵內找尋自己的人生，找尋自己的禪，是種難得的體驗。

攝影花絮
PHOTOGRAPHY

　　在京都的旅程中，似乎沒有一間寺廟像在源光庵那樣可以開心地拍攝，除了沒有大批觀光客的打擾外，寺內靜謐的氣氛非常適合一個人靜靜地拍些小景或小品，不管是窗外的日式庭院風光，還是一間間供人靜坐冥想的「禪室」，都有著濃濃的日本味；我刻意把一起在這裡禪思的日本民眾抓到鏡頭裡，想將源光庵有別於一般「名寺古剎」的不同處呈現出來。

　　一邊拍照一邊找到屬於自己的「攝影禪」，應該是在此地攝影的意外收穫吧！ **F**

旅遊資訊

- 源光庵：北區鷹峯北鷹峯町47
  巴士在「源光庵」前下車徒步約1分鐘
- 開放時間：9:00～17:00
- 門票：400日圓

伏見稲荷大社。

鳥居隧道山奇遇　狐狸神好神

馬蘭達

　　印象中的狐仙，好像跟妖媚、狡詐脫不了關係，狐仙的長相，好像也沒什麼固定模樣，反倒電影裡的女妖形象還比較清晰一點。不過，狐仙在日本地位崇高許多，在日本，狐仙就是狐狸神，理所當然有著狐狸可愛的臉孔，專門負責五穀豐收，所以他們也被稱為「稻荷大神」；而且，隨著農業社會變遷至現代的商業社會，狐狸神搖身一變，成為護佑生意興隆的神祇，香火更是絡繹不絕。

　　第一次到「伏見稻荷大社」，適逢伏見稻荷大社一年一度舉辦過年祭典的日子，還沒進去神社裡，外面的商店街就已經擠滿人潮，許多黑頭車一部部駕到，從車上下來許多穿著黑西裝的「黑衣人」，彷彿在上演黑社會的電影情節。不過，他們並不是黑社會，而是所謂「株式會社」的員工，都要到神社祈求生意順利，由此可見，伏見稻荷大社身為全日本四萬多間稻荷神社的總社，地位有多麼崇高。

　　人潮還不算什麼，伏見稻荷大社最著名的，就是盤據整座山頭、壯觀的紅色鳥居隧道。這些全是信徒奉納捐贈的，跟台灣一樣，提字寫著來自哪裡的某某某捐贈的鳥居，每個都和牌樓一樣高，卻一座接一座緊密地蓋在一起，綿延不絕，最後變得像隧道一樣，而且不只一條，兩條、三條……，錯綜複雜地延伸出去，把整個山頭密密麻麻地覆蓋住。

　　在這麼規模龐大的隧道群、黑壓壓的人潮中，要找出一個人的機會有多大？但它真的發生了，讓我不得不佩

能想像這樣的鳥居盤據整座山頭的壯觀景象嗎？

京都
Kyoto
岔路

傍晚的伏見稻荷大社多添了一些狐仙的神秘味道。

大型牌樓般的鳥居全是各地善男信女的奉納，一邊走
一邊看日本的人名和地名，也挺有趣的。。

旅遊資訊

- 伏見稻荷大社：伏見區深草藪之內68
  JR奈良線「稻荷站」下車
- 門票：無
- 電話：075-641-7331

服。也許冥冥之中，狐狸神真的法力無邊。

　　其實這次到伏見稻荷大社，本來跟丸子相約同行，早出門的我和她約好在公車站牌碰面，結果，時間到了，卻沒看見她的蹤影。想起她前一晚說如果她爬不起來，就不要等她，想不到我這個「遲到大王」會敗在日本這個「嗜睡大王」的手下。

　　然而，就在我決心不等她，隨著人潮在複雜的鳥居隧道中前進，一步步往山上走去後，在半山腰左右的地方，卻忽然看見一個低頭寫字的熟悉身影，丸子看到我也相當驚訝，原來她真的睡過頭了，當她坐計程車趕到時，我已不在站牌處。兩個人對於在至少好幾萬的人群中還能夠遇到彼此，霎時感動

不已，也許狐狸神真的「顯靈」了。

遇到丸子時，她正在購買一個3800元日幣的小型鳥居，請廟祝幫她提字。原來，想要祈福，除了斥資興建大型牌樓鳥居外，財力比較不足的一般人，還可視狀況購買不同尺寸的小型鳥居。所以，穿梭在鳥居牌樓之中時，可看見狐狸神像旁邊掛滿尺寸不同的小型鳥居，目不暇給，簡直就像處於一個「鳥居世界」中，被鳥居包圍的感覺相當奇異。

我看見正在提字的廟祝身旁有個價目表，最迷你的鳥居從2800元日幣起跳，丸子說，題好字的小型鳥居掛在神社中，最後會被燒掉祈福，這也就代表明年得重買一個新的。果然是生意人拜的神！

要把盤據整個山頭的鳥居步道走一趟，不停下來，至少也要一個小時以上，幸好除了沿途可以看看鳥居的捐贈者來自何處，唸唸日本地理外，山上的視野也相當開闊，能夠俯視整個京都市區，夕陽時分，景色優美。而且，會做生意的神社，沿途也設了不少餐廳與賣紀念品的小商家，走起來一點也不無聊。我和丸子走累了，挑了間餐廳坐下來，餐廳賣的不是豆皮烏龍麵就是豆皮壽司，因為據說狐狸最愛吃豆皮，這也是豆皮壽司會被稱為「稻荷壽司」的原因。事實上，整個伏見稻荷大社地區的商家，

小型鳥居有時會依信眾指定，放在特定的神像旁。

伏見稻荷大社到處可見大大小小的狐狸塑像。

賣的全是各式各類的豆皮製品，一年下來，靠著伏見稻荷大社的名氣就不知賺了多少錢，台灣想推動觀光產業，看來可以來這裡拜拜狐仙，請求點指示。

攝影花絮 📷
PHOTOGRAPHY

對於愛攝影的人而言，伏見稻荷大社是個適合拍照的好地方，更正確的講法是容易拍出「好」相片的地方；綿延好幾公里的「紅色鳥居隧道」，紅色的柱子拍起來震撼力十足，同時有很棒的視覺延伸效果。即使是拿來當拍人像的背景，也非常有看頭，只是千萬不能穿接近柱子顏色的衣服，否則人物會「跳」不出來。喜歡拍

「散景」的人在這邊應該也會很開心，只要用大光圈鏡頭或是中望遠以上焦段的鏡頭，就可以拍出極有味道的模糊散景。

我注意到鳥居隧道中光線有不足的問題，所以把ISO適時的提高，接近下午四、五點的時候，ISO大約400-800才夠。除了紅色鳥居外，各式狐狸神像也很吸引人，如何把狐狸神拍得具有趣味性，成為拍照之餘的小小樂趣，也成為能否拍出與眾不同照片的關鍵所在。● **F**

1.蜿蜒的鳥居是個拍照留念的好地方。
2.到伏見稻荷大社非常方便，可搭公車前往（在一日券範圍內）、JR與京阪電鐵在這兒也都有停靠站。
3.伏見稻荷大社裡的每個大神分別掌管不同的能力，而這位大神似乎是管「頭腦」的。

京都御苑。

一個人的午後　箱壽司便當

馬蘭達

在京都旅行時，一直希望能找個午後，獨自在一個美麗的地方，單純看看書或畫畫，靜靜享受京都的時光。只是到哪裡可以如此悠哉，又沒有很多觀光客的干擾呢？丸子說：「去京都御苑吧，那兒又大又寬廣」，聽了心中頓時浮現出一個「樹下看書，紅葉飄落」的唯美畫面，只是，可能因為肚子餓的關係，那畫面裡還多了一個日本人在樹下享用豐盛「便當」的野餐場景。所以，「御苑＋便當」的計畫，在傑利先回台灣的隔天立即展開。

少了傑利的催促，且天空也十分晴朗，東晃晃西逛逛，到京都御苑時已經接近中午，門口停了不少腳踏車，但因為沒規定腳踏車不能入內，加上京都御苑實在很大，便自作聰明的騎了進去，結果……，馬上就了解為何大家都把車停在門口，原來，京都御苑裡很多地方都鋪滿灰白色小石頭，腳踏車根本騎不動。

京都御苑之所以稱作「御苑」，是因為其中有個屬於日本皇室的京都御所，要進御所參觀，得事先申請，但御苑這個皇室大花園則免費開放給大眾。尤其，偌大的庭園裡種了很多楓樹，也有一大片櫻花林，不管是紅葉季或櫻花季，在所謂的「名所」都要收門票的前提下，御苑對阮囊羞澀的旅人來說，顯得格外大方，且御苑面積寬

路上買的「午後的紅茶」放在御苑裡的長椅上，感覺很有味道。

旅遊資訊

· 京都御苑
  京都府京都市上京區京都御苑

· http://www.kyotogyoen.go.jp/

1.御苑裡耀眼的楓紅。
2.偌大的御苑，可以悠閒地散步一整個下午。

廣，比較不會發生那種觀光名勝人擠人的情形，感覺像是當地人平日休憩的場所。

　　只是，想靠著一雙腿逛遍京都御苑實在不容易，而且，大概是計畫中那美味的「便當」在呼喚我吧，在御院走沒多久，我的肚子就開始咕嚕咕嚕叫；真不好意思，一到京都御院就吃便當會不會太快了點，但反正是計畫的一部份，先後順序不重要，我趕緊挑了個視野佳、位置舒適的長椅坐了下來。

　　「便當」是前一天送傑利到京都車站時買的、關西特有的「箱壽司」，看過「將太的壽司」的人一定都很熟悉這種用木箱壓出、切口方正的風味壽司。我的箱壽司應該是鯖魚口味，醃漬過的鯖魚散發

清爽微酸的滋味，魚皮表面有層薄薄的油脂，光亮亮的，一大口夾起配上QQ的醋飯，真是心滿意足啊！（其實京都車站真是個好地方，幾乎所有京都好吃的東西都集中在那裡，沒時間到處尋覓美食的人，只要到車站樓上的餐廳街、地下街去，準不會失望。）

　　享用完美味的便當後，照著原訂計畫，將準備好的書拿出來，轉開剛在路邊自動販賣機買的「午後的紅茶」，一口溫熱的紅茶暖呼呼下肚。放眼望去，秋天的御苑，楓樹恣意地在各處伸展，感覺比其他地方的都還要高大，林中有人乾脆躺在長椅上小憩，享受葉縫灑落的和煦陽光，樹上的楓葉被風一吹，葉子轉啊轉的，緩緩落了下來，有位「歐吉桑」不怕辛苦，蹲在樹旁許久，認真地畫著水彩畫；一群戴著小黃圓帽出來遠足的幼稚園小朋友，則從林間三三兩兩跑了出來，我靜靜地看著這些景象，時間在這裡顯得格外緩慢……。**F**

1. 京都御苑真是個可以讓人好好放鬆、放慢腳步的地方。
2. 這位老先生就這樣在落葉下睡著，他的夢中是否也是楓葉點點呢？

逸匠庵。

馬蘭達的和服初體驗

傑利

　　和藝妓比起來，拍「穿和服」的京都婦女輕鬆容易多了，而且也頗有日本味、京都味的。對我而言，日本和服可說是世界上最漂亮的服飾之一，不論是哪位日本婦女，是年輕小姐或中年婦人，似乎只要穿上和服，就會瞬間出落成典雅端莊、氣質出眾的古典美人。

　　於是在許多偶遇和服美女的機會中，我都忍不住當起「追逐和服美人」的攝影師，一看見穿著和服的小姐或女士，按快門的手就停不下來了！

　　拍了很多次藝妓及和服美女後，有天我心血來潮地跟丸子說：「有沒有機會讓馬蘭達穿上和服看看？」其實我原本只是想借借丸子的和服，讓馬蘭達換裝成和服美人，結果善解人意的丸子竟然隔天就幫我們安排了一間和服專賣店──「逸匠庵」，讓馬蘭達免費試穿。

1、2.
不論是年輕小姐或中年婦女，換上和服後都會變成氣質出眾的美女。

京都 Kyoto 岔路

旅遊資訊

• 逸匠庵
　京都市上京區土屋町上長者下がる東入る山王町503-7

• http://isshouan.petit.cc/

「逸匠庵」的老闆娘陽子（Yoko）看到我們來，十分熱情，一邊背著還不滿一歲的小孩，一邊細心地為馬蘭達挑選、穿戴和服，嘴裡還直說：「只要是丸子的朋友就是我的朋友！」，看著馬蘭達慢慢變身為「京都和服美女」，在一旁拍照的我非常感動，同時也體會到丸子和陽子的熱情與善意。

我不禁要感謝老天爺，因為……，可愛的馬蘭達是老天爺給我的禮物；遇見丸子則是馬蘭達給的禮物……，而「和服美女」的體驗，是丸子給我們京都行最好的紀念禮物！

1、2.
和服店的陽子非常親切地為馬蘭達講解和服的種類與著衣。
3. 和服店內京都味的襪子成為京都行的紀念品之一。

1. 換上和服的馬蘭達，立刻變成和服美人了！
2、3、4. 不時現身的和服美人，絕對是眾人注目的焦點。

Chapter 3

京都達人篇

達人，很多時候指的是「精通某種技藝者」。但能夠從追尋夢想到實現夢想，甚至變成「達人」，是否更具有某種情感上的意義呢？也許，包含丸子，每個達人背後都有這樣一個戲劇性的故事吧！

Hachi Hachi °

執著的手工麵包與百年部屋的怪怪老闆

馬蘭達

　　Hachi Hachi最近成了京都的名店，「怪怪老闆」的照片也在不少日本著名雜誌上曝了光。然而，我第一次去Hachi Hachi時，它其實還沒那麼有名，對丸子來說，Hachi Hachi更是她本來想獨處時最愛的「秘密基地」。

　　Hachi Hachi在丸子屋舊址附近，我第一次到丸子屋時，丸子就跟我介紹，附近有家專賣德國手工麵包的咖啡店，有時還會有音樂表演。因此，某天早上我要出門時，剛好遇到丸子屋有個新朋友「修司」從橫濱搭早班車抵達，問起附近哪裡有早餐可吃，我們就一起到這家Hachi Hachi看看。

　　幸好有修司帶路，要是我自己走的話，應該不可能找得到這家店，因為它完全是在我對「咖啡店」的認知之外。丸子先前指示說：「很簡單，就是前面那條巷子右轉到底」，但放眼望去，全是看起來像民宅的老房子，而且每戶都隱身在大院子之中，靜悄悄地像沒人住似的。

　　所以，當修司指著最後一間大門緊閉的老房子，跟我說應該就是這裡時，我不太敢相信，但修司堅定地表示，門牌上簡單幾撇、圖畫似的日文，發音就是「Hachi Hachi」，我只好硬著頭皮跟進去。結果，在乾淨的玄關脫了鞋走進去，除了有個像櫃台的地方，這兒還真的「就……像……一……間……無……人……的……老……房……子」，幸好在榻榻米的一角，我注意到有幾塊麵包擺在木箱上，用昏黃的燈泡

| Hachi Hachi 的門口，怎樣看都覺得有夠普通，隱密到了極點。

1.從巷口看進去，似乎連有人居住的感覺都沒有。
2.一扇普通的木門，裡頭卻住著一位擅長德國麵包的料理達人。

照得像藝術品似的。疑惑之中，蓄著短鬍子、酷酷的老闆也從後方的廚房出來點點頭，總算讓我安心地盤腿坐了下來。

我以仰角環視這個據說已有一百年的老房子，歲月在古老的木柱、牆面上留下了痕跡，不知老闆怎麼會想到把麵包直接擺放在牆角的木箱上，但在令人昏昏欲睡的燈泡微光下，竟有種麵包也在那裡放了幾百年、跟空間融為一體的奇異錯覺。

倒是麵包的確出奇地好吃，是德國麵包才有的樸實無華但真材實料的口感，新鮮的穀物與果乾經過咀嚼，散發深遠濃郁的香氣，配上黑咖啡，真是完美！

老房子整片的落地窗外，不知何時下起了雪，而且越下越大，白色的雪點紛落在院內不經修整的樹上、草上，最後形成漫天安靜的白；我只記得修司告訴我，日本人英文講不好，主要是因為他們很害羞，其餘的對話，彷彿全被這個老房子所吞沒。在這裡，靜靜地、專注地聽著時鐘滴答滴答走著，看著窗外的落葉緩緩掉下，一切顯得很理所當然。

後來我才知道，最愛到源光庵沉思的福澤，每次花四個小時來回走路到源光庵時，總會在這個地方點杯咖啡，小

鮮黃色的機車停放在普通的巷道
內，卻流露著不平常的氣氛。

旅遊資訊

- Hachi Hachi
  京都市上京區山王町506
- 電話：（075）451-8792
- http://www.h6.dion.ne.jp/
  ~hachi-ic/

憩一下，我想，他應該也是因為喜歡這裡無論何時都可讓人感到安心的氣氛吧！

　　至於被我稱做「怪怪老闆」，幾乎從不多吐出一個字的男人，丸子只說，他很喜
歡德國麵包，所以，特別到德國學了這項手藝，就在這棟祖先留下來的房子裡做起麵
包來，其他的事，都是個謎。

馬蘭達第一次到Hachi Hachi時，是在飄著雪的寒冬中，而我跟著馬蘭達到那兒時，則已經是四月的初春了；儘管從馬蘭達口中聽到不少傳聞，這次的探訪還是從頭到尾都充滿了驚奇！巷子裡毫不起眼的「店面」根本讓人感受不到這是一家店，它樸素的外表，讓我覺得是間不折不扣的老房子。對！就是這種感覺──一間很久很久的「百年老房」。在鏡頭下，我只想忠實呈現出一座隱沒在京都裡的老房，裡頭有位酷酷的麵包達人與好吃的麵包。

進入室內，麵包的擺設是另一個讓我驚奇的地方，昏黃的燈光下，擺在木箱牆角旁的德國麵包呈現出一種莫名的光輝，完全搭配屋內寂靜、充滿著歷史味的氣氛，這讓我體會到這位麵包達人的巧思與用心。但燈光太暗對拍照又是一個難題，我再度因為不想破壞氣氛而努力提高ISO、把光圈開大，希望能夠以照片充分呈現既是美食又宛若藝術精品般的「牆角麵包」。

　　窗外的庭院景色亦令我吃驚，屋內的昏暗與庭院的明亮，恰好反映出室內與室外的一靜一動，除了我們之外，還有兩位先來的客人在窗邊小聲地說話，剎那之間，好像所有人都與這間老宅融為一體，享受都市裡難得的幽靜午後。

　　在一片寂靜中，喀擦喀擦的快門聲顯得特別大聲，讓我有些不好意思。

　　臨走前，雖然有些預感，我還是客氣地問了老闆，看看能不能為他拍幾張照。「不！謝了！」老闆客氣而堅定地拒絕了我，果然，跟我想的一樣，麵包達人非常低調，這是我和這位麵包達人的初體驗。🅕

店內的落地日式窗戶把裡外化成動靜兩個世界，好特別的麵包店。

京都
Kyoto
岔路

洋食＆Jazz
キッチンパパ。

大米的爵士洋食料理店

　　有次和丸子一起去參觀她鄰居貴子上班的地方
──手工皮革工作室後，丸子忽然想起不遠處有家米
店，他們的蛋包飯堪稱人間美味，說要帶我去品嚐
品嚐。本來我還想不透米店為什麼會有蛋包飯，結
果，當我們走進米店時，發現米店後頭竟然還有一
個空間在經營餐廳，原來這可是個外面賣米，裡面
賣洋食的「複合式空間」哩！

　　餐廳的老闆就姓「大米」，外面的米店原來是
他父母開的，大米先生為了繼承家業，又不想放棄
自己的興趣，就在米店裡開起洋食屋來，店內不但
可以播放他最愛的爵士樂，他用好吃的米做成香噴
噴的蛋包飯、漢堡排飯……，特殊時節還推出超大
的炸牡蠣飯，大受附近上班族歡迎。

　　正因為家裡是米店，飯也就大方地讓客人無限制
「續碗」。大米做的飯看起來晶瑩剔透，吃起來鬆軟
有彈性，且帶有白米的香氣，真不愧是米店之子！我
從來不知道飯可以這麼好吃，不但大胃口的福澤曾一
口氣吃下六碗飯，之後我帶傑利再度光顧時，配上細
嫩多汁的漢堡排，我竟然也吃了三碗飯，吃到後來都
不好意思再叫大米先生幫我續碗，希望他不要以為台
灣女生都像我這麼會吃才好！

　　第一次知道大米先生的洋食料理店，是從馬
蘭達口中聽來的，她直說這家店的米有多好吃多好

點菜、料理、放爵士樂都一手包辦的
大米老闆，達人中的達人！

洋食店外頭的傳統米店，提供了店內
超好吃的米飯。

京都 Kyoto 岔路

141

1. 連盛飯都很認真的大米老闆，認真的男人真是酷！
2. 有好聽的爵士樂，即使只有冰水，也能讓人聽一整個下午。
3. 有好吃的美食和米飯，自然盤底朝天！

吃，連丸子的好朋友兼固定房客福澤，一來就吃了六碗飯。「六碗飯」！能夠讓客人一口氣吃六碗白飯的店真了不起（能無限供應免費白飯也很了不起！），不禁令我想一探究竟。

　　跟著馬蘭達到這裡的第一印象很奇特，因為洋食店外面是個傳統的米店，一袋袋包裝精美的白米首先引起了我的注意，想用照片將大米的白飯能如此美味的秘密記錄下來。

　　進入店內，牆上一櫃子的黑膠唱片及古樸的喇叭立刻抓住了我的目光，好聽的爵士音樂就在午後的店內播放著，很久很久沒有聽到有人放黑膠唱片了，我跟馬蘭達說，要是我的好朋友Randy來到這裡，應該可以和我慢慢地聽一個下午。

　　美味的米食與陳年的爵士樂，真是一種絕妙的組合啊！

　　我一定要說，大米的料理和米飯實在是有夠好吃，這一餐馬蘭達和我竟不知不覺就吃了三碗飯！大米真不愧是大米，沒有辜負這個好名字！

旅遊資訊

- 洋食＆Jazzキッチンパパ
  京都市上京區上立売
  通千本東入姥ケ西町591
- 營業時間：11:00~15:00
  　　　　　17:00~21:00
- 電話：075-441-4119

攝影花絮
PHOTOGRAPHY

　　在店裡拍照時，我刻意捕捉大米先生服務客人的畫面，從點菜、料理、上菜，大米先生都是一個人來，鏡頭中的大米顯露出一種堅持與執著。從大米先生的料理和音樂裡，我又看到「日本達人」的精神與決心！

　　除了大米的料理外，餐廳裡那些大米收藏的唱片和音響，當然也是拍攝的重點之一。能快速掌握環境的重心和視覺焦點，可是攝影者永遠必須學習的重要課題啊！**F**

｜大米收藏的黑膠唱片，在音樂人的眼裡真是價值連城啊！

市村一房堂。

京都最棒的版畫家

馬蘭達

去了幾次京都之後,突然想買些特別的紀念品。忘記是怎麼跟丸子談起這位版畫家的,好像是我提到要去看京都的版畫美術館,丸子忽然想起甚麼似的說:「對了!有個『京都第一』的版畫家」,不過,丸子用手比著頭說:「他腦袋有點問題」。

原來,這位版畫家是日本國寶級藝術家,作品非常傑出,但他太愛喝酒,常常一大早就滿身酒氣,酒精中毒使他整天都呈現酒醉瘋顛狀,往往一看到顧客上門就抓住人家不放,滿嘴胡言亂語,據說(不少西方的自助旅行者都流傳)唯一的「好處」是,只要和他聊天聊久了,在神智不清的情況下,他可能會把創作的版畫全送給你。

其實,他跟丸子之間還曾發生過一段故事。丸子說,有一回她陪慕名而來的西方自助旅行者到這家版畫店去,果不其然,一早這名藝術家就已經喝得醉醺醺,一陣胡說八道之後,終於把我們為人正直的丸子給惹毛了。平常脾氣非常好的丸子痛斥他枉費一身好手藝,糟蹋自己,罵到後來,藝術家和藝術家的老婆抱頭痛哭,藝術家的老婆還邊哭邊拉著丸子說,丸子是他們的恩人,她嫁給這個無用的老公很可憐,家計都得靠自己等等;藝術家則是掉著淚說,他一定要戒酒,後來他還用毛筆鄭重寫下「斷酒」二字來證明自己的決心。不過,丸子眨眨眼說,藝術家的確戒了好一陣子的酒,但聽說他又故態復萌了。

1. 雖然常喝得醉醺醺的,不過版畫家還是非常親切地跟我們說明作品的內容。
2. 為了向老婆表示戒酒的決心,版畫家特別寫了「斷酒」兩字,可惜似乎還是成效不彰。

京都
Kyoto
岔路

145

1.版畫家住所的外頭，展示了不少得意的作品。
2.版畫家親切又主動地把馬蘭達抓過來合照。

旅遊資訊

• 市村一房堂
　京都市東山區八坂通大河大路東
　（建仁寺南門前）

• 電話：075-561-7355

　　在丸子「你可能會被抓住不放」的告誡之下，我小心翼翼地接近這間位於建仁寺後門正對面的版畫店，在遠處就瞧見一個日本中年人只是稍微把目光移向這家店，店裡馬上就衝出一個頭髮捲捲的老頭，拼命想拉住人家的手，把那個中年人嚇了一大跳，兩人拉拉扯扯好久，中年人才趁隙落荒而逃。

　　這個畫面讓我遲疑了好一下子，刻意等到捲髮怪老頭似乎被老婆叫進屋訓斥後，才慢慢走近店裡

欣賞他的作品。其實店內販售的作品並不多，但以一名日本國家級藝術家來說，價格算是相當平實。看著看著，捲髮怪人突然從身後出現，我表明不會講日文，打算不和他說話，沒想到他竟然拿出一張寫滿歪歪斜斜英文的自我介紹，開始跟我聊起天來。

我才知道，原來他不是一般想像的那種版畫藝術家，而是一位「摺師」，就是只專門負責印刷的藝術家。天啊！日本的傳統版畫竟然是有人負責雕刻，有人負責印刷，分工還真細！

被他拖住不放後，藝術家的老婆顯然覺得對我很抱歉，居然跑出來把面前的小張版畫拿起來硬要送給我，嚇了我一大跳。原來不僅藝術家會免費送人作品，連他老婆都這樣！在萬分尷尬之下，只好到門口挑了一張尺寸較大，也比較喜歡的作品，結果站在門口的藝術家又立即表示那張他要送我，差點沒昏倒，只好敷衍他兩句後去屋內拿錢給他老婆，跟她說如果要送我小張的，就收下這張大張的錢。

就這樣，在混亂之中我依定價買下了一張版畫，丸子後來知道價格後笑得半死，一副很同情我的樣子，幸好，我還真的還蠻喜歡那張版畫的，新台幣1000元不算太貴啊！ F

1.版畫家家裡的文件說明了製作版畫的繁複過程。
2.版畫家用來製作版畫的木頭模具。
3.版畫家特別展示京都府核發的「正宗」版畫師執照。

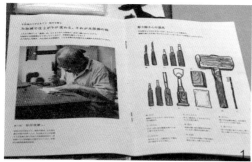

京都
Kyoto
岔路

丸子屋。

遇見阿根廷手風琴演奏家

〔馬蘭達〕

　　傑利在日本成了知名攝影師？……雖然這可能還是傑利心中小小的夢想，不過，今年春天的京都賞櫻行的確充滿夢境般奇遇的情節，而這一切，則是從遇見日本阿根廷手風琴（Bandoneon）演奏家小川紀美代和她那浪漫、又讓人嘆息的琴音開始。

　　這次去京都前，本來只是寫e-mail問丸子，我們去的時間是否適合賞櫻，結果丸子回信說，如果能把機票稍稍挪前一天，剛好可以加入她的「民宿私房音樂會」。在老式日本部屋舉辦音樂會？雖然還不知道是什麼樣的音樂會，但光想就覺得好玩，我立刻打電話跟航空公司更改日期，想不到訂位人員說太多人要去京都賞櫻，前幾天的班機都已經完全客滿而且超賣，可說根本沒有任何機會；就算後來我多次打電話確認，得到的仍是一樣的答案。

　　然而，就在已經認命、接受與音樂會擦身而過的這個事實時，居然有機位了！雖然要付出為數不小的更改手續費用，但為了這場在百年以上的老房子舉辦的私人民宿音樂會，咬著牙還是把卡刷了下去。

　　音樂會當天來了好多以前在丸子屋認識的日本朋友：怪獸先生、攸太、怪怪歐吉桑高橋先生、真理子……，不少人都從很遠的地方特別趕來，平常不太愛整理房子的丸子，除了前一天就開始忙著採買外，愛睡懶覺的她一大早還起來掃地、搬東西，元氣十足，原本不大的日式部屋，在木門一一拆掉後，瞬間變成寬敞的表演場地。後來

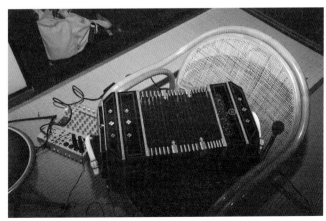

從紀美代演奏的這台特殊的阿根廷手風琴，就可以知道其功力不凡。

1.昏黃的燈光＋認真的紀美代＋動人的音樂＝難忘的丸子屋音樂會。

2.當所有人聚精會神地聽著演奏時，氣氛真是棒到極點。

紀美代在她的網誌中也寫道：她知道丸子不喜歡整理房子，因此，看見丸子為了音樂會費心地騰出空間，內心非常感動。

在丸子的精心安排下，音樂會場地雖然不大，但有隔壁可愛的妹妹在門口負責販售門票，還有小小的「販賣部」賣啤酒、飲料和小點心；在廣告公司工作的真理子則一人身兼數職，入門的海報、現場錄影、燈光全由她負責，最後她還得剪輯成紀念DVD。簡直是麻雀雖小、五臟俱全，音樂會還沒開始，就能想像一定會是個很特別的演出。

正式演出在「Salida」（西班牙文中是「出路」的意思）這首曲子的琴聲中展開，這是我第一次聽見Bandoneon的聲音，時而低沉、時而悠遠，輕快時手指都不禁跟著敲打起來，難怪Bandoneon是探戈最棒的伴奏，紀美代纖細的身子投射在老部屋的牆上，則彷彿是另外一場皮

影戲，牆上的黑影激昂地和那改變空氣密度的樂器共舞，連紀美代飛揚的髮絲都充滿律動感，這午後的日式部屋音樂會，竟讓我的思緒飄到了老遠的南美洲國度，連以前在英國聽音樂劇的記憶都不知為何浮現。環顧四周，身邊的人似乎都沉醉在這音樂之中，飲下一口冷冽的啤酒，真的覺得……這才是人生啊！

後記：

　　傑利不專心聽音樂，忙著獵取演奏會畫面的成果備受眾人好評，紀美代把他拍的照片放在自己的網誌首頁上，還特別註明是台灣來的「傑利桑」拍的。由於紀美代是日本屈指可數能夠演奏Bandoneon的音樂家之一，大家接二連三以「知名攝影師」拍傑利馬屁，讓他樂得半死！

1.演唱會開始前的時間，像是丸子屋歷代房客的同樂會。
2.音樂會結束時，丸子又哭又笑地說不出話來，只能擺出象徵音樂會成功的手勢。

1.丸子的朋友們分工完成「丸子的音樂會」的活動
　公告、邀請卡及佈置的工作。
2.遠從富士山下起來參與盛會的手島攸太和女友。

　　我的照片竟然會出現日本知名演奏家的網
站上？

　　人生的巧遇與機緣有時真的很有意思，
2007年初到京都主要是為了櫻花及可愛的丸
子，沒想到趕上了丸子精心策劃的室內音樂
會。不僅丸子很開心，我們也很榮幸能受邀參
加這場只有丸子的好朋友才能出席的丸子屋室
內音樂會。

　　當然，除了當來賓之外，丸子還賦予我一
個神聖的任務，那就是──當這場音樂會的攝
影師！因為知道丸子對這場活動的重視，讓我
對於這個重責大任有些戰戰兢兢，深怕不小心
拍不好，砸了招牌。活動當天，丸子像變魔術
般地把我們住的客房和客廳打通，變成演奏的
場地，等到活動開始時，昏黃的燈光，配合丸
子屋的和式風格，竟營造出一種極富日本味的

1. 了不起的丸子，把小小的民宿房間變成室內音樂會的場地。
2. 看到紀美代的音樂CD，才知道紀美代是個大名鼎鼎的音樂家。

空間感，拍起來很有感覺。靜謐的空間裡只有動人的樂曲流洩，讓我很想專心享受紀美代的音樂，此刻似乎連小小的快門聲都是多餘的！

　　一開始我用580EX外接閃燈開拍，但效果不佳，完全破壞了原來昏暗的味道，而狹小的室內空間也不適合用外閃亂閃，深怕會影響現場的氣氛。最後只好把ISO開到1600來拍，雖然雜訊不少，但至少比較能忠實呈現現場的感覺。音樂會結束時，最激動的莫過於丸子，她一把鼻涕一把眼淚、又哭又笑地抱著紀美代，半天說不出話來，我趕緊記錄下這感人的一刻，沒有時間陪著一起哭。小小的丸子小姐竟然成就了一場這麼與眾不同的室內音樂會，天底下還有什麼不能達成的呢？

　　第二天紀美代給了我一封e-mail，除了謝謝我幫忙拍照之外，還把我的照片放到她的官方網站上，同時特別提到這是台灣來的傑利拍攝的，沒想到我紅到日本去啦！當下把這個訊息告訴丸子時，她也非常開心，替我感到驕傲。藉由攝影，我又完成了一次成功的國民外交，這又是人生中一個意想不到的驚喜啊！🅕

旅籠
寺田屋

寺田屋。

創作型書法才子與大武士坂本龍馬

馬蘭達

　　丸子家有一幅小小的、特別的「字畫」，狂放的毛筆字跡和頗具拙趣的插圖，點出丸子家是旅人「隱居」京都最棒的城堡。字畫的創作者叫中島廣輝，是位很有天份但有點「自戀」的藝術家，他究竟怎麼個自戀法呢？嘻，這等會再說。記得有一天丸子很興奮地告訴我，廣輝先生隔天要到京都來，言語中感覺得出丸子對他的尊敬，似乎是相當有學問的人哩。

　　「廣輝桑」雖然年紀和我差不多，看起來就是對很多事都很有想法，且相當努力認真的人。據說他以前也是個上班族，但當他發現在大公司上班沒有意義後，就開始勤練書法，日夜不斷練習，竟然不到三年就自成一格，創出特殊筆風，不但開起個人的字畫店，巡迴展演，亦古亦今的風格，還受到不少廣告主青睞，許多清酒和啤酒商標名稱上的大字，都出自廣輝之手。

　　當然，廣輝對京都有興趣的景點，一定和我們一般人不太一樣。所以，在他的提議下，當天住在丸子屋的房客們就一起浩浩蕩蕩地出發，往京都南方的「伏見」前進，目標則是當地的「寺田屋」。

　　「寺田屋」是個什麼樣的地方呢？行前我記得丸子有跟我解釋，好像和什麼偉大的人物及民宿有關；結果，到了那裡，發現它只是一家旅館而已，小小的、不起眼的外觀，差點讓我不想買門票進去，但其他日本人都要進去，也只好硬著頭皮，乖乖掏錢了。

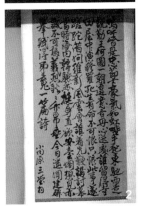

1. 這就是著名的坂本龍馬畫像。
2. 寺田屋裡有很多名人寫的書法。

1. 寺田屋的二樓窗外有隻貓悠閒地曬著太陽。
2、3.屋內到處都是彈痕、刀痕，可以想見當時的打
鬥場面一定相當激烈。

　　不過，對日本人來説，寺田屋可是大有來頭，從門口販賣部賣的「坂本龍馬」鑰匙圈、「坂本龍馬」絲巾、「坂本龍馬」克杯……，就可以確定這裡鐵定和這位龍馬先生有關。據説他是推動明治維新的重要武士，寺田屋到處都是他穿著武士服、衣擺隨風飛揚、英姿煥發的照片，丸子還指著一位看似堅毅的女子照片，告訴我她正是寺田屋的老闆娘，而這位女子似乎也是位有著高尚情操的女中豪傑，至於他們倆是否有譜出一段戀曲呢？……，從丸子和我常常是「雞同鴨講」的英文溝通過程來看，我還真的不知道！

　　講到哪去了！廣輝到寺田屋的目的，其實是要看裡面好幾幅相當著名的書法作品，只是

我們其他人顯然不太有慧根，大部分都在嘰嘰喳喳地討論：哪裡有坂本龍馬在暗殺過程中留下的刀痕，哪裡還有彈孔等等的話題，我想，廣輝一定覺得自己在對牛彈琴吧。

倒是出了寺田屋之後發生一件事——廣輝叫丸子拿他的相機幫他拍照留念，而且是那種倚著門、只有50年代男明星才會有的遠眺姿勢，他還相當要求完美的重複拍了很多次，讓我們在背後竊笑不已。

雖然因為對日本歷史不了解，無法對寺田屋產生共鳴，但這次的「文化之旅」還是很有意思，除了有一本正經的廣輝搞笑收尾之外，最重要的是……，沒有多少台灣人看過坂本龍馬長怎樣吧。**F**

1.關於寺田屋的版畫作品。
2.不少日本民眾來寺田屋參觀坂本龍馬的作品。
3.不知這些武士刀是不是坂本龍馬所擁有的。

旅遊資訊

・寺田屋
　京都市伏見區南浜町263

二條陣屋。

古代與現代的忍者之屋

馬蘭達

　　京都應該是日本寺廟密度最高的地方，不過，問起久居京都的丸子，哪一間是她的最愛時，丸子竟然回答說：「忍者之屋」，啥咪！忍者的房子？丸子雙掌合併，做出忍者的手勢說：「對！就是『忍者』！」

　　原來，丸子所謂的「忍者之屋」不是寺廟，而是江戶時代留下來、一間諸侯的房子，現在還有人住在裡面；這間房子除了當年的設計者為了防火，發揮巧思在牆壁上塗上灰泥，讓「二條陣屋」成為古代「防火建築」的典範之外；最吸引人的，就是為了保護主人人身安全的重重機關設計。例如房子大廳的天花板上方隱藏著一個空間，從前負責保護主人的忍者可以躲在上面，只要一有危險發生，忍者就可以立刻無聲無息地「從天而降」；另外，還有逃命時可以收起來的樓梯、台階等等，可說是一間為了保命而相當耗費心思的屋子。

　　雖然丸子這麼大力推薦，且二條陣屋是日本少數私人擁有的重要文化財之一，但我覺得，二條陣屋其實不太適合像我這種一句日文也不通的外國遊客，因為這裡採預約制，得有專人導覽，不過這導覽竟然只有日文，就算很多機關不用聽解說，也看得懂怎麼回事，但大多時候對解說員在講什麼，完全是「鴨子聽雷」的感覺，實在很難融入，更不用說參觀一次的門票不算便宜，得花上1000元日幣。

| 二條陣屋門口有文字說明其中的歷史背景與防火特色。

1.二條陣屋是日本少數屬於私人的重要文化財。
2.老房子的欅柱非常大，但宏美說這不算大，因為當初是設定用來租給別人的，若自家人住會選更大的。
3.在宏美家的閣樓留下這個有趣的畫面。

而且，參觀二條陣屋當天，我們還有兩名丸子屋的友人——攸太與修司同行，雖然他們一邊要聽解說，一邊還得用破英文解釋給我們聽，實在很辛苦，但多多少少有點幫助。所以，如果不會日文卻又想參觀二條陣屋，就如同二條陣屋網站上建議的，最好自備翻譯同行。

古代忍者之屋的行程不如預期，還因為禁止拍照，連張留念的照片都沒有，不過後來卻意外讓我們遇見了現代忍者之屋，實在是意料不到的峰迴路轉；就在我們參觀二條陣屋後，有天晚上丸子的鄰居宏美來訪，聊到她正在裝潢房子，一時興起，儘管當時已經夜深，我們與其他丸子屋的朋友跑到宏美家去參觀，才發現她家正是個現代忍者之屋！

原來平時並不住京都的宏美，這間房子是外公留給她媽媽的，「高齡」也有八十幾歲。經歷過一場徘徊生死邊緣大病的宏美，現在的職業是按摩師，她一直希望把房子改裝成可以讓她獨立開業的場所，所以只要一存到錢，她就拿到京都改造這間老房子，一心一意地打造她心目中的理想王國。而這間佔地面積很小、可能只有十坪左右的房子，在設計師的精心改造下，具備了營業與住家的齊全功能，上面還有個小閣樓，超高利用的建築，簡直是日本著名「改造房屋大作戰」節目的真實呈現。

當我們沿著超陡的樓梯小心翼翼地爬到閣樓上時，就像是來到一個私密天地一般，包括丸子、傑利在內的所有人，對於宏美能夠擁有許多小孩都曾夢想過的秘密基地，都感到羨慕不已。躺在才剛裝潢好的榻榻米上，榻榻米的味道還很濃郁，舒服到簡直讓人不想回去丸子屋，直接睡到地老天荒算了！拍不到二條陣屋的傑利則發現，這不正是個適合忍者的隱密空間嗎？立刻要大家做出忍者的動作拍照，每個人也相當配合地完成構圖十分有趣的照片。

從宏美家裡走回去時已經很晚了，安靜到沒有一絲聲音的夜裡，只有我們刻意放輕的腳步聲。跟著丸子一夥人在曲曲折折的小巷裡穿梭時，讓我忽然擔憂白天會找不到宏美家一樓門口亮著一盞昏黃燈泡的小房子，剛剛的一切似乎顯得不真實起來；不過，可以確定的是，堅強的宏美從未停止一點一滴構築她的夢想，祝福她趕快開業成功，這樣大家就可以親眼見識這個「現代」忍者之屋了！**F**

旅遊資訊

- 二條陣屋
  京都市中京區大宮通御池下
  ル137
- http://nijyojinya.net/

| 一樓是個簡單溫馨的小客廳，宏美希望可以在這裡開業，幫人按摩。

Chapter 4

京都好味篇

談到日本料理，似乎不得不跟荷包有一番痛苦的割捨，然而，不僅是高檔的京都饗宴，常民的京都飲食往往更大快人心，何不盡情享受這暢快淋漓的京都飲食文化？

オ。

立食店・瘋狂日語教學所

馬蘭達

常有人問我，最推薦的京都「究極冠軍料理店」是哪一間？這時候我一定會大聲地回答：「去京都NO.1的立食店——sai（才）就對啦！」

是的，「sai」千真萬確就是一家「站著吃的」立食店。

很多旅遊書上只要一提到京都的代表美食，必定是白嫩嫩、風姿綽約的湯豆腐，而對台灣人來說，實在難以想像，站著要怎麼吃東西，站著吃的東西「能吃嗎」？坦白說，當我第一次抓著丸子問：「京都哪邊的東西好吃？快推薦給我京都NO.1的餐廳！」，她講出立食店時，我也是不停地重複問她：「真的？真的是『stand-up food restaurant』嗎？」

不過，「sai」的食物真的很好吃！光從方圓五百公尺內也有一堆立食店，但只有「sai」永遠擠得水洩不通，就可立判高下。況且，不只是和立食店比，我敢說，「sai」就算跟當地的餐廳相比，風味也絕不遜色；尤其，從「sai」小小的、可能只有一坪大的廚房裡，老闆「大勇」右手端燒烤、炸物，左手出拉麵，竟然還可以用沖繩才有的水果，做出特製的「沙瓦」，簡直像變魔術一樣，讓你不知自己到底置身於燒烤店、拉麵店還是Pub，真是太神奇了！

立食店老闆就像變魔術一樣，可以同時完成料理、倒酒、點菜等事。

| 小歸小，立食店「sai」的菜單可說是琳琅滿目、目不暇給。

講到這裡可能有人會問，跟日本人擠在一起吃東西，不會很怪嗎？不會說日文怎麼辦？沒關係的，因為我也是一個日文字都看不懂。雖然第一次去「sai」時，我有小小「作弊」，要丸子用紙條寫一些日文菜名給我，到時候可以指給老闆看，但當老闆發現我不是日本人時，大概平常沒人可以陪他練習英文的關係吧，只見他搔頭托腮，拼命想用英文告訴我掛在牆上的木板菜單寫的是什麼，該怎麼唸；接著，連圍成一圈的客人們也加入這場日語教學，大家比手劃腳，一下子指著心臟說這是烤雞心，一下子指著肝的位置說這是烤雞肝，全場還一起討論肉串之中的青蔥該怎麼講，霎時，我簡直像是置身在「日語教學課」一樣。而且，或許是每個人都喝了點小酒的緣故，一

| 看看這些笑得如此燦爛的客人們，就知道在立食店裡有多開心了。

| 小小的碳烤店，大大的溫暖：客人打成一片，氣氛High到最高點。

一下子大家就好像很熟似的，用瘸腳的英文聊起天來。我想，不知道的人看到如此熱絡的場面，可能會以為每個人本來都互相認識呢！

其實，這正是「sai」也被我封為「京都NO.1」的原因，不但東西好吃，店裡有著像一家人般的氣氛，更可讓人親身體會日本人獨特的立食文化。所以到京都，別家店可以不去，一定要找機會到「sai」，感受日劇中上班族下班後、最喜歡小酌一番的場所。

傑利

很早就聽聞日本男人下班後，一定要去所謂的居酒屋喝上一杯。

居酒屋到底有什麼好，值得每天過去喝一杯？這個困惑，隨著到京都和丸子一票人鬼混，還時常到附近的立食店喝酒聊天後，終於解開，我終於明白這種居酒屋的好，以及立食店的無窮魅力。

京
都
Kyoto
岔
路

| 對於丸子屋的房客而言，立食店是人間天堂！永遠有好吃的食物和喝不完的酒！

旅遊資訊

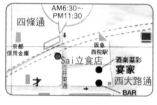

- 才（sai）：阪急西院區西南徒步1分鐘
- 電話：075-316-0708
- 營業時間：17:00~24:00 （日曜日休）

　　丸子屋附近的「sai」已經夠小了，隔壁的碳烤店更可說是「超迷你」，四、五坪不到的店，看起來隨便擠五、六個客人就客滿了。雖然店面小，但每次去，老闆娘都很熱情地幫我們挪位子，寒冷的天氣中跟著一堆客人擠在小小的店裡，一下子身體就暖和了。（或許是因為感受到當地人的親切，心也就變得暖烘烘了吧。）

　　至於「立食」居酒屋「sai」，則是丸子屋房客晚上歡樂的重頭戲。這家居酒屋比旁邊的碳烤店大上一些，不過因為也沒大到哪兒去，大家還是肩靠肩地圍著中間的料理台站成一排。當馬蘭達跟老闆說我們是丸子介紹來的時候，所有客人都大聲地表示他們是丸子的朋友，還笑得很大聲，對我們說：「丸子的朋友就是我們的朋友！」哈！真是太夠意思了！

|碳烤店有美味的食物和開心的氣氛!

攝影花絮
PHOTOGRAPHY

對於帶著大傢伙──「數位單眼」的我,店內的客人真是熱情得不得了,配合度百分之百的隨著我的指令,做出「乾杯」、「好吃」、「開懷大笑」等各種姿勢,雖然在燈光偏黃及沒有刻意打閃燈的前提下,白平衡有些偏黃,但卻剛好忠實反映立食店裡的溫暖與熱鬧。10-22mm的廣角鏡和50mm f1.8大光圈鏡頭是在店裡拍攝的兩大利器,在窄小的空間裡,要是沒有超廣角鏡頭,真不知道要怎麼拍下那麼多人,而50mm鏡頭的大光圈,則是用來拍攝一堆好吃的烤物及食客們開心的大頭照的。

適時地把ISO拉高到800甚至1600,是在昏黃的立食店內拍攝的重要設定。至於為何不拿出我的神燈──580EX外接閃燈呢?基於不想破壞店內High翻天的理由,我還是識相地將它收在包包裡頭,不拿出來閃大家了!畢竟當個「有禮」的攝影師,也是學習攝影技巧外的重要課題啊! **F**

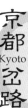

京都
Kyoto
岔
路

危險的豪華河豚饗宴

馬蘭達

　　去京都賞櫻前，學妹才剛從東京回來，她描述著河豚的滋味如何又如何神奇，當記者的她吃過多少山珍海味，但就是沒吃過那種和其他食物不同的QQ口感，讓我聽了也不禁覺得，我怎麼可以沒吃過河豚呢？

　　可是，京都還真不太流行吃河豚，問了半天，丸子屋的人都吃過河豚，但沒有人是在京都吃的。幸好，熱心的真理子自告奮勇，等她回大阪，就馬上幫我問哪裡有好吃又不貴的河豚，果真不久就收到她蒐集的豐富資訊，發現在京都祇園附近有家以平價河豚出名的全國性專賣連鎖店。而且，隔天我跟傑利在鞍馬剛好發生爬了一下午的山、卻又沒泡到溫泉的慘痛遭遇，當場覺得，只有河豚大餐可以拯救我們受創的心靈，二話不說，立刻往祇園出發。

　　只是，這家「玄品」河豚料理店，和我們想像中的豪華河豚料理店有點不同，雖然就開在大馬路上，但它不起眼的店面讓我們差點就錯過，還好我眼睛夠尖，突然發現有隻圓圓的小魚在水族缸裡游泳，想説這隻「魚」不會是河豚吧。果然沒錯！正是這家，原來京都的高級料理店就是要這樣「大隱隱於市」哩。

　　在我們期盼又有些擔憂的心情下（不會那麼剛好就被我們吃到有毒的吧……），河豚饗宴開始啦！先是晶瑩剔透的薄切日式生魚片，接著是厚切搭配生菜的西式生魚片，我個人覺得，厚切比較好吃，因為主廚在上面擠了柚子汁，嚐在口中，有股柚子

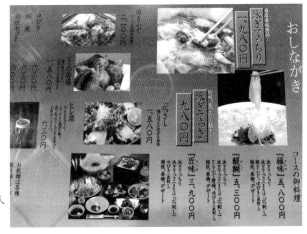

不同的河豚料理。價格雖然不便宜，但人生總該嚐一次，才會甘願。

的清香，該怎麼形容那種QQ的口感呢？我猜，如果生吃雞腿或青蛙腿的話，可能會很接近吧？

再來是燒烤河豚肉，雖然我們不太會烤，不過由於肉質相當新鮮，感覺比生吃更香，吃起來有點像烤過、很有彈性的雞腿肉。

然後，就上了一大鍋的河豚火鍋。

到現在我還是很納悶，難道日本人不喝火鍋的湯嗎？河豚火鍋的沾料很好吃，但那個「高湯」跟白開水根本沒兩樣。不過，神奇的事情接著就發生了，大概是怕我們不會處理，一位女服務生進來幫我們煮日本人吃完火鍋後都一定會吃的「雜炊」。這「雜炊」其實就是把飯放到火鍋湯裡煮，不浪費火鍋的精華。我們看著她熟練地打蛋、加上蔥花，不一會兒，一大鍋濃稠的雜炊就完成了。雖然本來火鍋湯淡而無味，但不知道怎麼回事，這雜炊實在是好吃極了。

我興奮地問傑利剛剛有沒有看清楚她到底怎麼煮的，竟可以煮得這麼好吃，回家可以如法炮製。至於最後一道甜點——芝麻冰淇淋，香濃又帶有核桃顆粒的滋味，我也只差沒喊要續杯，讓花了不少錢的傑利臉上不禁浮出三條線，因為我最喜歡的，竟是最後兩道最便宜的副菜。

但無論如何，真的非常感謝熱心的真理子，要不是有她，我們不可能如願以償地吃到傳說中的夢幻河豚大餐，正式進入河豚大餐的「倖存者」名單之中！

從小到大，對於「河豚」這種一輩子只在海裡看過一次的稀有動物，一直存有莫名美味又莫名恐懼的幻想。

幻想著看來透明無瑕、純白潔淨的「河豚料理」是多麼奢華、多麼美味、多麼難得；但又由於河豚「遠近馳名」的劇毒，享用河豚的同時還必須冒著生命危險，擔心隨時有丟掉小命的可能⋯⋯。

也許因為價錢昂貴、食材少、料理不易和不小心還會送命的種種特性，馬蘭達和我活了大半輩子，竟然都沒有嚐過所謂的河豚料理；除了是好奇心使然，日本友人丸子等人又大力推薦（同時保證安全，性命無慮），加上2006年來京都時，整天瘋狂拍紅葉，沒好好請馬蘭達吃頓「好料」，河豚料理就成為我們2007年京都櫻花行的重頭戲之一！換句話說，這也是傑利戴罪立功、重新做人（做個好老公）的重要關鍵啊！

出國二十多次的經驗告訴我，京都真是個好地方，是個美食天堂；除了出外用力拍照、跟丸子一夥人喝酒聊天外，在京都旅遊期間，每天的中餐和晚餐成了馬蘭達和我最開心的時刻。不管點什麼、吃什麼，京都的食物樣樣都好吃，美味得叫人感動。所以，在兩人都有默契的情況下，每天的用餐時間自然就越來越長、越來越長⋯⋯，到後來一早出門就想著中午要吃甚麼，吃完中餐後又開始想晚餐時要到哪裡享受⋯⋯，傑利與馬蘭達的「京都美食之旅」也就這樣慢慢成形了。

京都
Kyoto
岔路

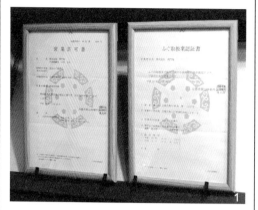

1. 店內的營業許可證，證明這是間「有執照」的專業河豚餐廳。
2. 態度親切的服務生與大廚。
3. 好吃的河豚配上香醇濃郁的清酒，真是絕配！

　　這次的河豚料理到底花了多少錢呢？其實，有了丸子等在地人的介紹，這回的價位算是河豚料理中的平民價，兩人一共「只」花了新台幣3000元整，看在活了幾十年才犒賞自己的份上，應該不算太奢侈吧！不過對於賣相最佳的河豚薄片，我們似乎期望過高，雖然看來晶瑩剔透、純白無瑕，但吃起來卻沒什麼味道，河豚碳烤則讓我們開始感受到河豚的鮮嫩可口、又Q又有嚼勁，而看菜單完全搞不清楚它是甚麼的「河豚雜炊」，儘管像是用河豚湯煮出來的「蔥花蛋花稀飯」，卻出乎意料的美味，令人不禁大呼過癮！

　　除了正餐之外，馬蘭達偏愛飯後的冰淇淋，我則獨鍾京都的醃漬物。這一路吃下來感覺非常緊湊，緊湊得讓我們沒有時間去想，是否有舌麻或任何身體不適的症狀，若不去計算要付出的「菜錢」，這頓河豚饗宴算是非常新奇可口了。

　　當然，吃河豚非同小可，最重要的是要找有「證書」的店家，免得吃到一半就出人命！最後，希望大家也能跟我們一樣，開開心心出門，平平安安地享用河豚大餐。

旅遊資訊

- 玄品
  京都市東山區四条東山下ル祇園町南側528-4
- 電話：075-531-5815
- http://www.tettiri.com/html/shop/area_kyoto.html

攝影花絮
PHOTOGRAPHY

　　這次拍照時最後悔的是沒把外接閃燈580EX帶來，導致每張照片拍起來都偏黃，尤其若想呈現出河豚薄片的那種晶瑩剔透、吹彈可破的質感，實在是沒有外接閃燈不行啊！如果真的沒有強力的外接閃燈，怎麼辦？那就努力把鏡頭的光圈拉大，ISO調到最高，最後再靠後製去調整白平衡吧。

　　架腳架？這是個好提議，不過，在狹小的日式餐廳裡架腳架……，嗯！不想遭人白眼的人，可別輕易嘗試喔！ F

| 1.豐盛的河豚火鍋料理，光看就飽了。

京都
Kyoto
岔路

175

錦市場。

醃漬物‧碳燒‧蛋卷‧野菜──京都小吃天堂

傑利

　　不知何時,開始愛上每個地方的傳統市場;不論是國內或國外,不論是台灣或京都,當地的傳統市場除能讓人了解當地的名產文物、風土民情,在品嚐道地美食之餘,還能感受到濃濃的人情味。這些特點,都不是在一般超市、量販店所能體會的。

　　在以傳統文化自豪的京都,到處可見傳統市場或商店,其中傳統商店以清水道、嵐山附近分佈最廣,而若要找個能遮風避雨、乾乾淨淨的傳統市場,就屬座落於市中心的「錦市場」了;它不僅是我心目中的「小吃天堂」,對我們的超級嚮導──丸子來說,這裡也是她最愛的地方呢!

　　錦市場其實不是一個有實體建築的市場,而是錦小路通寺街至高倉門之間一條長約四百公尺的商店街,街內大約有一百四十餘家店鋪,原本是提供京都市民各種生鮮食品、日常用品和小吃的地方,因此被稱作「京都的台所」(京都的廚房)。觀光客漸漸多了之後,也開始提供包裝精美的紀念品和名產。對京都人或觀光客而言,這裡都是個值得一逛再逛的傳統市場,別具風味的當地美食更是讓人驚喜連連,不但可以體驗充滿「京都味」的市場,還能邊走邊吃,這對於每次拍照就犧牲用餐時間的我而言是再好不過了,因為再也不用餓著肚子拍照啦!

1.錦市場內處處可見穿著整齊的工作人員,親切地服務著客人。
2.沾上醬汁的章魚腳令人食指大動。

京都
Kyoto
岔路

177

1

2

1. 京都人最自豪的醃漬物處處可見，如果一樣一樣試
   吃，應該一輩子也吃不完吧！
2. 京都昆布（海帶）也是一定要逛的京都名產。

旅遊資訊

- 錦市場
  中京區錦小路通寺町至高倉之間
- http://www.kyoto-nishiki.or.jp/

　由於馬蘭達和我喜歡吃的東西不同，加上想要好好拍照，我們的「錦市場之旅」就採「分組」的方式進行。由於出國前馬蘭達已經準備好可以在日本漫遊的PHS手機及門號，各自分頭參觀完全不是問題，甚至還可以在途中通電話，交換品嚐美食的意見和商店資訊呢！

　接下來，就來分享我在錦市場「邊走邊吃」的重點體驗吧！

　不管是「碳燒」還是「蒲燒」，反正只要遠遠看到大大的「燒」字，就知道是我愛吃的「烤物」啦！錦市場的烤物基本上以海鮮類為主，從各式魚類到小卷、章魚，應有

不管是碳燒還是蒲燒，把錢花下去就對啦！

盡有，看到各種烤海鮮的金黃色表皮，加上混合著各式醬汁的濃濃香味撲鼻而來，讓我也顧不得拍照，就乖乖把日幣拿出來，一盤接一盤地吃了起來！如果想要更高級的享受，就找家有座位的小店，配著清酒或啤酒享用，那滋味更是叫人難以忘懷！

至於拍照呢？美食當前，還拍甚麼！當然是先吃再說了！

說到京都的「醃漬物」（醬菜），那也是我的最愛，酸酸甜甜、冰冰涼涼的醬菜，不論是配飯、拌麵，還是拿來單獨當小吃都很棒！每年四月的櫻花季

| 各種魚類組合而成的碳烤魚總匯，相信凡人都無法抵檔！

| 竹筍

恰好也是京都竹筍收成的季節，各種竹筍料理和醃漬物紛紛出籠，不知是京都的農產品品質佳，還是淹漬的方法特別好，吃起來真是美味極了！

　　錦市場內賣「蛋捲」的「三木雞卵」，也是京都的招牌名店之一，所以門口排隊的客人很多，從外面還可以看見一排師傅正在製作蛋捲的過程。不同於台灣那種像是餅乾的蛋捲，日本的蛋捲是以新鮮的蛋皮製成，軟綿綿的，和蛋包飯的外皮很類似，讓人忍不住一口接著一口！

　　「京野菜」不是野生的蔬菜，而是這裡特有的蔬菜，因為不想買回去丸子屋開伙，「京野菜」就成了「看得到卻吃不到」的一項道地美食

| 蛋捲店外穿著可愛又親切的女店員。 | 蛋捲店裡動作熟練的師傅。

了。令我最佩服的是，錦市場裡有家專賣「高級野菜」的店家，把蔬菜水果包裝得像是LV名牌包，在精心設計的擺設空間裡，加上美麗的燈光，原本平凡的蔬果竟如珠寶一般「閃閃動人」，真叫人嘖嘖稱奇！

　　由於錦市場內的商店、小吃店、餐廳實在太多，像是豆腐、清酒、昆布、雜糧、麵麩、和果子之類的小吃名產都有，就不一一介紹了，有興趣的人自己來試試，會更有意思，基本上這裡是個可以吃吃喝喝，東摸西摸，逛上兩、三個小時的好地方。由

京都岔路
Kyoto

賣相十足的京都醃漬物。

於提供試吃的店面太多，若光試吃，可能走上一圈也就飽了！想要完整品嚐京都名物和美食的人，不來錦市場這個「京都小吃天堂」可是會「搥心肝」的喔！

攝影花絮 📷
PHOTOGRAPHY

也許是不少名店要保障店內「美食智財權」的緣故，這裡不少店家（包含店門外）都是禁止拍照的，所以想拍照的人，千萬要謹記曾說過的「快」、「狠」、「準」三字訣，不過快要快到什麼程度呢？我敬愛的攝影大師──翁庭華老師曾傳授的「乘其不備」就是快拍的精義了，意思就是要趁大家都還沒注意或來不及反應，就趕緊按下快門。要是能夠在1～2秒內完成拿相機、對焦、按快門的「秒殺快拍」功夫，相信任何店家都會來不及制止的！

不過為了不驚動店家及打擾到身旁的客人，閃光燈還是能不用就不用，免得招來白眼。想要達到「秒殺快拍」和不開閃光燈的高ISO拍攝任務，看來也唯有性能不錯的單眼相機與能快速對焦的鏡頭才能勝任吧！

不能好好拍照的人也不要沮喪，畢竟在有一堆試吃品的錦市場邊走邊吃，還是非常有趣的一件事。🅕

1.排列整齊的蔬菜，象徵著京都人一絲不苟的工作態度。
2、3.包裝得宛如精品般的京都蔬果。

4.一盤一盤好吃的京都道地小吃，正散發出無比的誘惑。
5.錦市場的道地小吃，絕對可以滿足每個人。

豆腐店。

豆腐在京都就是好吃啦！

馬蘭達

　　很多人都知道到京都一定得吃著名的「湯豆腐」，但我發現，其實不需要到多高級的湯豆腐店，因為京都的豆腐就是好吃，大概這個以豆腐聞名的地方，不能忍受品質不佳的豆腐產品吧。

　　雖說不用到名店，但我第一次吃湯豆腐還是在北野天滿宮正對面的人氣豆腐茶屋，乖乖排了三個小時的隊（請見壽司篇），也因為有過這樣「刻苦銘心」的經驗，讓在鴨川賞櫻那天的「豆腐＋可樂餅＋烏龍茶」的意外黃昏野餐，顯得格外雲淡風輕，叫人難以忘懷。

　　其實那天本來要到與鴨川平行的高瀨川，和傑利去拍有打燈的免費夜櫻，但因天色還早，從清水寺下來的時候，傑利趁機大拍特拍下坡時經過的八坂之塔，我則在正對著八坂之塔的下坡路上閒晃時，發現一家不起眼的手工豆腐專賣店。

　　這家店真的很不起眼，一個普通極了的店面，顧店的老先生也老到直不起腰，但站在那裡好幾分鐘，我不只看見有觀光客進去買豆腐，連當地人也騎著腳踏車來買。直覺告訴我，這間店的豆腐一定不簡單，暗自決定無論如何都要買來試試看，況且店牆上有張紙清楚寫著標價，一進去我就直接對著牆「點」了白豆腐與納豆。

　　老先生彎著腰（這下我知道他為什麼腰那麼彎了），用手在一個像水族箱的東西裡，撈起一塊還滴著水、滑溜白嫩的豆腐裝到盒裡，口中不斷客氣地對我講著話。儘

北野天滿宮前的「豆腐茶屋」門口，也販賣相當多的外帶豆類製品。

1. 賣豆腐的老先生腰都直不起來了。
2. 滑溜的嫩豆腐裝在大小剛好的盒子裡，滴幾滴醬
　　油就可以吃了！

管我試圖告訴他我不會講日文，不過這似乎並不重要，他還是自顧自地自叼唸著，大概是在說這豆腐有多好吧。

　　只是……，在一時衝動下，手上莫名其妙多了塊豆腐，我這才想到，等到我們拍完夜櫻，這豆腐該不會變成豆花了吧？但是，旅行就是這麼奇妙，就在我們下了山往高瀬川走去時，街口突然看見一家店門口有人在排隊，向來不落人後的我們當然馬上湊過去瞧瞧，原來是家肉店，叫「肉の長崎屋」，一旁還設有熟食部門，賣一些看起來超好吃的牛肉餅、可樂餅之類的熟食。我注意到牆面上還貼有雜誌介紹，而且，排在我前面的太太英語說得意外的好，她跟我說，這家店可是家名店，她在這裡買了二十幾年，真是不敢相信，今天運氣實在太好了！尤其，買完可樂餅後我發現店內有可免費拿取的醬油包和衛生筷，這下能不找個地方好好享用美食嗎？

　　所以，趁著天還沒黑，我就跟傑利提著大包小包的先到鴨川去，黃昏的鴨川上沒有很多刻意來賞櫻的人，反而感覺多半是住在附近的居民，有些中學生三三兩兩躺在石頭

旅遊資訊

• 不知名豆腐店
　八坂之塔往下走的左手邊

• 肉の長崎屋
　京都市下京區河原町通り松原下ル東側
• 營業時間：10:30~19:00
• 電話：075-351-3315

1.意外發現的可樂餅名店「肉の長崎屋」，座落在離鴨川不遠的河原町街上。
2.「肉の長崎屋」果然是名店，上網一查就發現住址：河原町通り松原下ル東側。
3.豆腐茶屋門口永遠排滿人潮。
4.「肉の長崎屋」的老闆拿紙記下我們點的食物，牆上有清楚標價。

上聊天，也有爺爺帶著孫女出來遛狗，氣氛十分悠閒。我找了個不錯的位置，打開包裝，把醬油淋在豆腐上，就這樣一口豆腐，一口可樂餅、牛肉餅，再配上一口路邊販賣機買的溫熱烏龍茶，不用說有多好吃了，那天黃昏的滋味至今難忘！ F

伏見夢百眾。

請進・時光隧道咖啡廳

馬蘭達

京都南方的伏見區有著特殊的南方小鎮情調，蜿蜒的河岸上柳樹搖曳，可以搭乘古式的「十石舟」遊河，欣賞這以「名水」著名、清酒的故鄉。但這個地方讓我至今仍不時想起的，則是「伏見夢百眾」。

不清楚「伏見夢百眾」在日文裡到底是什麼意思，不過這裡其實是家咖啡廳，據說早年是月桂冠會社的辦公室。我第一次來時，就被它的建築、空間、窗外灑進的光線及咖啡廳中流動的時間所深深吸引；女服務生穿著亦西亦和式的服裝，使人能真實感受到日本極力走向西化的那個年代，我相信，伏見夢百眾應該是「和西合壁」最顛峰的代表作之一。

第一次去伏見夢百眾時，因為當天就要搭機返台，沒機會到咖啡廳裡親自體會，只在一個像書房、事實上是販售書籍的小房間中的古老皮沙發上留下紀念照，但不管坐在其中的任何一處，都會有種重返優雅年代的感覺。

第二次去伏見夢百眾，無論如何都要坐下來好好喝杯咖啡；我穿過女服務生所在的櫃台，微笑的服務生似乎在對我說著無聲的「歡迎光臨」：歡迎來到那美麗的

店內的服務生穿著非常復古。

1.伏見夢百眾裡悠閒喝著下午茶的太太們。
2、3.香氣逼人的蜂蜜蛋糕和超美味冰淇淋，連咖啡附上的高
　　級砂糖也優雅的擺在小碟子中。

旅遊資訊

- 伏見夢百眾
  京都市伏見區南兵町247
- 營業時間：11:00~17:00（月曜日休）
- 電話：075-623-1360

年代……。跨過木框門，我進入另一個世界，服裝同樣頗具特色的男服務生輕聲細語地問我要點些什麼；在西化的年代，當然得喝杯時髦的咖啡，再來片有大和風味的蜂蜜蛋糕與抹茶冰淇淋吧。

　　我特別挑了一個可以曬到陽光的地方坐下，雖然要挑哪個位置實在很難決定，每個角落都好吸引人，但坐在我選好的位子上，午後

的陽光從木窗框緩緩滲透進來，我的咖啡、褐糖、牛奶，閃耀著細緻的光輝，手工蜂蜜蛋糕也散發高雅的氣味。這並不是個造作的場合，日本人引進西方文化之後，不知道花了多久時間，才讓兩種文化這麼不著痕跡地融合在一起，徹底轉變成另一種獨特的風格。

在這個空間裡，時間不再是現代的時間，遠方的一群貴婦們喝著下午茶、聊著天，卻聽不見她們在講些什麼，鋼琴協奏曲若有似無地播放著，彷彿成了這空間的一部份，蜂蜜蛋糕濃郁的香氣誘惑著我，我吃得很慢很慢，咖啡也慢慢啜飲著，因為……，我真的很不想離開……。**F**

1. 伏見夢百眾的整體氛圍，讓人覺得身處在不同的時空裡。
2. 再仔細看一次綿密的蛋糕與冰淇淋，這頓下午茶真的讓人回味無窮。
3. 午後的陽光從窗欞灑入，時間緩緩流動著。

京の屋。

日本第一壽喜燒？！

馬蘭達

　　阿根廷手風琴（Bandoneon）音樂家紀美代來丸子屋演奏那天，不少丸子屋的好友齊聚一堂，當然要找機會到我們最愛的立食店——「sai」好好敘敘舊，不過，以「sai」受歡迎的程度，我們一大群人都想要有一席「站位」，根本就是不可能的事，於是丸子建議轉往「京の屋」試試看。

　　「京の屋」是家壽喜燒店，我們一進門，挺愛耍寶的老闆就送上手工豆腐，他不但自豪的表示，他的豆腐鐵定在以豆腐聞名的京都中排名首位，還拿出好幾本雜誌，向我和傑利證明，他這家店叫做「京の屋」不是浪得虛名的，因為他是真正的京都第一！害我們講話時沒幾句就得來一句：「我知道啦！你京都第一啦！」老闆聽了，也樂得合不攏嘴，不停端出小菜來請客。

1.因為紀美代的關係，一票人開開心心地去吃壽喜燒。
2.老闆自豪的京都第一豆腐。

1. 老闆得意地展示雜誌上的照片，證明自己日本第一的地位。
2. 一字排開的壽喜鍋，氣勢驚人。

旅遊資訊

- 京の屋
  京都市右京區西院西三藏町15（阪急西院駅西南徒步1分鐘）
- 營業時間：11:30~14:00/17:30~22:00
- 電話：075-312-2929
- http://www.a-dos.ne.jp/gourmet/kyonoya

　　「京の屋」的壽喜燒的確很不賴，每項食材都相當講究，包括老闆送上的豆腐，完全不輸北野天滿宮前大排長龍的豆腐茶屋，雖然我不知道他的壽喜燒是不是真的是京都第一，不過，這裡可是常來京都的福澤心目中最愛的餐廳呢！

從牆上滿滿的菜單就可以看出這家店一定有過人的實力。

福澤說，他曾經和他爸爸到京都出差時，在四条河原町吃過一家好吃的壽喜燒店，但是「非常貴」，不像在「京の屋」，吃飽再加上幾杯啤酒，大概只要1000元日幣！所以住丸子屋時，如果福澤偶爾想犒賞自己的胃，就一定會到這裡報到！ F

京都岔路
Kyoto

寶屋、藪庵。

唏哩呼嚕！真是好吃的麵啊！

馬蘭達

　　喜歡看料理東西軍的人一定都知道，「麵」在日本有多講究，學問有多大；說真的，日本的麵實在很好吃，不管是大店、小店、名店、連鎖店、路邊攤，甚至是丸子屋附近我最愛的立食店——「sai」，都可以隨隨便便煮出超好吃的麵。不論是拉麵、烏龍麵、蕎麥麵……，在京都幾乎我吃過的每一碗麵，最後都會讓我捧起碗來，唏哩呼嚕連湯都喝個精光。

　　不過，究竟什麼才是正宗京都口味的「京都之麵」呢？對吃挺有研究的宏美告訴我，是「薑味烏龍麵」。母親是道地京都人的她說，日本大多數的麵店都會賣薑味烏龍麵，但大多會添加其他食材，只有在京都的麵店，才找得到只放薑末，其他什麼都不加的薑味烏龍，跟她媽媽做的一模一樣。為了證明她的論點，宏美還找出自己的部落格，讓我們看看她在日本各地吃到的薑味烏龍，「長相」差距有多大。

　　既然知道了什麼是「京都之麵」，我和傑利說什麼都要去嚐嚐，所以有天經過三条通時，就去找了宏美介紹過、位於三条通商店街的「田舍亭」。田舍亭一點也不難找，一進去商店街就看到它在左手

京都的餐廳門口常有這種食物模型，點起菜來相當方便。

正宗京都的麵，上面真的竟然只放一撮薑茉啊！

從簡單的豆皮麵就可以品嚐到京都麵的真功夫。

旅遊資訊

· 拉麵小路
　京都車站11F

· 手工麵店：藪庵
　京都市右京區西院撰町24

· 電話：075-313-2118

邊。但因為過了晚餐時間，店裡只有一個客人，我們又跟丸子約好晚上要吃大阪燒，只好兩個人合點一碗薑味烏龍，幸好年紀很大的老闆和老闆娘都很和氣，態度依舊很親切，對我們兩個一直拿著相機猛拍那一小碗烏龍麵，也完全不以為意。

只是，在吃了一口純正的「京都之麵」後，我們就明白為什麼後來會變成要加那麼多料了；因為這還真的只是一碗勾過茨、只放薑末，其他什麼都不加的烏龍麵，能想像一碗完全沒料、只有薑茉的羹麵是什麼味道嗎？只能說，不管怎樣，我們都吃過道地的「京都之麵」啦！

丸子家旁邊則是有一間讓我和傑利都「魂牽夢縈」的烏龍麵店，雖然它只是一家不起眼的小店，但有天我

「藪庵」店裡滿滿的學生，保證食物味美價廉。

和傑利路過時，發現裡面竟然擠得滿滿都是人，其中有一大群還背著網球拍，一看就知道是學校球隊的學生。傑利根據經驗法則肯定地表示，這家鐵定好吃又便宜，我們二話不說，立即推門進去。

一進去就看見一個開放式的廚房，其中一位很老的婆婆看得出是老闆娘，另有幾位年輕人在幫忙，裡面有個年輕人剛好是中國大陸來的，我們馬上開心地用國語點菜：「我們要點跟隔壁那桌學生一樣的雞肉套餐！」果然不出所料，炸雞皮香脆、肉多汁，配上一口鬆軟又香味撲鼻的白飯，好吃到連我也能整碗吃完，難怪這些孩子食量會那麼大了！

更絕的是，這套餐的附湯是什麼？是一碗烏龍湯麵！對於日本人吃飯配麵這點，我雖然一直不太能理解，但這烏龍麵可是現場點了之後，才當場手工製作出來的，

|製麵三部曲。

|拉麵小路。

京都
Kyoto
岔路

1. 吃拉麵前請先買票。
2. 車站裡的寶屋空間雖不大，但擺設仍然相當
　雅致。

由於是開放式的廚房，整個製作過程看得一清二楚，麵條有多麼香Q有勁，湯頭有多香甜，可想而知，啊！真的好想飛去再吃一次啊！

猜猜看這麼大份量的炸雞肉套餐，一份要多少錢？答案是，550元日幣！現在知道為什麼這間店會擠了這麼多學生了吧！

位於京都火車站樓上的「拉麵小路」，最為一般觀光客所熟知，這條專賣拉麵的美食街匯集了不少日本大江南北的拉麵名店，讓觀光客不用到處尋尋覓覓，來這裡就可以一嚐拉麵的美味。

第一次去拉麵小路時，最吸引我的不是許多台灣觀光客口耳相傳的「寶屋拉麵」門口排隊的人潮，而是每家拉麵店門口都有的拉麵自動販賣機，後來我才知道，原來很多日本的傳統速食店，例如拉麵店或像「吉野家」之類的丼飯店，

都採先購票再憑券用餐的制度。當然，拉麵自動販賣機也和我原先想像的不同，並不是投入硬幣就會有一碗熱騰騰的拉麵掉下來，只是賣餐券而已啦！

拉麵小路雖然只是條美食街，但各家店都經過細心規劃，各具特色，例如寶屋拉麵店面雖小，但不論是碗盤設計、室內空間，從每個細節都可看出用心，加上溫柔貼心的服務人員，讓人在小小的空間裡，一下子就體會到真正「名店」的不凡。 Ｆ

1.寶屋門口親切的服務生，缺零錢的時候還會體貼地幫客人換錢。
2.認真煮拉麵的師傅。

超人氣烤麻糬‧請心存感恩

馬蘭達

　　第一次去京都時是日本過年的期間，有天下午丸子心血來潮，提議可以一起到附近的神社參拜，那裡有賣好吃的點心，一聽到點心，所有的女生馬上點頭如搗蒜，吵著要出發。

　　我們的目的地是位於京都北區的「今宮神社」，這個區域型的神社不大，以求姻緣最負盛名，其中還有塊大石頭，據說摸了之後會心想事成，所以小小的神社裡有不少人排隊，等著要摸石頭許願。

　　不過這排隊的人潮並不算多，往神社的側門走去，才發現，哇！那裡擠了更多人，簡直比神社還「香火鼎盛」，而這裡就是出名的「扇型烤麻糬店」！丸子跟我說，右手邊這間才是正宗的老店，也比較好吃，對面的則沒那麼優，其實，也不難分辨，因為兩家生意真的差很多。

| 今宮神社的楓紅也很有味道。

｜烤麻糬店有很大的空間，讓人在裡面享用。

｜就是要烤得有點焦才好吃。

這裡的烤麻糬和一般在日本其他地方看到的「丸子三兄弟」造型的烤麻糬不同，一份拿起來像一把打開的扇子，上面有很多一小球、一小球的麻糬，由於體積比較小，醬汁也特別入味，邊邊偶爾還會有點烤焦，吃起來很香；而那鹹鹹甜甜的滋味，果然是好吃到讓人閉起眼來微笑，難怪喫茶室裡滿滿都是人，吃完後再來杯綠茶，真是幸福的日式下午茶啊！

有了這樣美好的經驗，第二次到京都時我就特別帶傑利去吃，沒想到一心只想拍照的他，太陽都快下山了，還是不能靜靜坐下來品嚐，只想著還有哪裡可以拍照，對我精心推薦的烤麻糬，竟然完全食之無味，還說甚麼他本來就不喜歡吃

甜食，簡直把我氣炸，揚言從今起跟他分道揚鑣，別想我再帶他去哪裡
玩了！

　　所以……，這篇文章除了介紹好吃的私房烤麻糬之外，也告訴我
們：享受美食和逛街一樣，還是女生跟女生一起去就好囉！ **F**

1.老闆娘負責烤麻糬。
2.超人氣烤麻糬店相當受到女性顧客歡迎。

傳七、華庄。

高貴不貴的壽司料理店

〔馬蘭達〕

　　丸子屋的所在地「西院」真是個好地方，不但有京阪車站，附近好吃的東西更是多得沒話說，連京都著名的平價壽司料理店「傳七」也在這裡開了家分店。

　　去傳七之前，我在京都最熱鬧的四条通和東大路通的轉角，就吃過比台灣迴轉壽司便宜但更新鮮不知幾倍的迴轉壽司，吃飽喝足後拿到帳單簡直感動到想掉淚。所以，有回在錦市場入口看到一家名為「錦」的迴轉壽司，以為迴轉壽司都一樣平價，立刻和傑利進去大點特點，想不到，這裡面的料理師傅伯伯人雖風趣，但用來計價的「盤子」可就說一不二，還耍了點心機；因為這裡的盤子有兩種長得非常相像，一個是最便宜的盤子，一個則是店內第二貴的盤子，我和傑利就這樣胡亂點了一通，等到結帳時，只能「含淚」默默離開。

　　丸子在聽完我倆充滿委屈的「控訴」後，大笑說喜歡吃壽司的話，巷口就有一家超有名的平價壽司店——傳七，算起來比迴轉壽司還便宜呢！什麼！巷口那壽司店一直看似大門緊閉，竟是一間平價料理店，京都的店會不會太低調了一點！

　　隔天我和傑利一出門立刻到傳七報到，完全把賞櫻的事擱在一旁，而傳七也實在沒

從壽司師傅的專注態度隱約可見京都料理達人的風範。

京都岔路
Kyoto

| 迴轉壽司。

讓我們失望，超大碗的壽司蓋飯只要新台幣100多元就能吃到，握壽司用料新鮮又精緻，牆上還掛著漂亮的手工畫，真是高貴不貴，要不是中午吃不了太多東西，真想全部點來吃吃看！客氣的服務生送我們到門口時，還問我們從哪來，說他遇過很多很不錯的台灣客人；有這麼棒的店，誰還會想去吃迴轉壽司呢！

另一家令我印象深刻的壽司料理店在北野天滿宮對面，離永遠都大排長龍的豆腐茶屋只有幾間店的距離，說起來，當初會發現這家店還得拜豆腐茶屋所賜呢！我第一次到京都時，因為慕名這家超人氣的豆腐，就算當天是搭機回台灣的日子，早上十一點還是跟著丸子屋的友人到門口排隊，想不到，領到的號碼牌竟然是一百多號！我們一

行四人就這樣死等活等，等了兩個多小時，還是沒輪到我們，雖然滿心不甘，但已經餓到前胸貼後背，加上飛機不等人，只好含恨到附近覓食；結果就讓我遇到這夢幻的「旬彩一華庄」料理店，只能說這是上天給的最好補償啊！

這家店當時推出的中午定食套餐一人大約1300元日幣左右，不算便宜，但當時也沒力氣走太遠，就進去吃了。當師傅把菜送上來時，我和友人不禁驚呼了一聲，套餐是用「葫蘆」形狀的漆器裝盛，吃的時候就像是打開一層又一層的百寶盒似的，每一道都精緻細膩，簡直可媲美懷石料理，讓人對其價格完全改觀，根本是「物超所值」嘛！

旅遊資訊

- 傳七西院店
  右京區四条佐井通り東入ル南側
  （阪急西院區徒步1分鐘）
- 電話：075-323-0700
- http：//www.kushihachi.co.jp/kushihachi/tenpo/index.html
- 華庄
  京都市上京區今出川御前西入紙屋川町839-6
- 電話：075-467-2230

錦市場迴轉壽司的師傅相當逗趣。

葫蘆便當。

錦市場師傅送的小黃瓜雕刻，加上我愛吃的海膽，就算貴一點，也還是原諒他了。

傳七精美、令人食指大動的壽司組合大餐。

傳七認真的師傅。

　　更叫人高興的是，當我們又再經過豆腐茶屋時，剛好快輪到我們，雖然已經吃飽，還是忍不住想知道這湯豆腐到底為何會有名，就兩人合點了一客湯豆腐。我只能說，豆腐香是香啦，但豆腐就是豆腐，感覺上好像把豆腐煞有其事地撈起、滴上幾滴醬油的過程比較有趣，至於真要選哪一個比較好吃的話，我還是會把票投給高貴不貴的葫蘆懷石料理。

傳七店裡的小朋友顧客吃得相當滿足。

漂亮的賞櫻壽司便當盒。

傳七從外觀完全看不出來是平價壽司店。

　　若是到京都賞櫻，這個時節還可以吃一種很有「氣氛」的壽司，那就是學日本人，在到處都看得到的壽司外賣店買一盒「櫻花限定」的壽司，在樹下享用。看著日本的父母帶著小孩，一口壽司、一口飲料，十分享受，當風吹來，搖曳的櫻花樹落英繽紛，實在是令人心滿意足啊！ F

不懂日文也可以住民宿、交朋友

馬蘭達

每次和朋友描述京都有多好玩，大部分的人都會突然問：「你會講日文啊？」答案是：不會！只會謝謝和再見的人，可能連看日劇都沒資格吧！但語言真的不是旅行的阻礙，至少在京都不是，雖然我所認識的日本人英文也都不太好，不過靠著肢體語言及日本人大多會寫「漢字」這兩點，絕大部分的時候溝通都沒問題，當然，古今中外，想交到朋友，無非就是要尊重對方和真誠待人了。

我記得第一次到丸子屋時住了九天，最後一天要離開時，平常不修邊幅的丸子竟已鄭重地穿上和服，帶著她最好的經營伙

伴，也就是拉不拉多犬「蓮」到門口送我；當我拖著行李箱往巷口走去時，每次回頭，丸子都拉著「蓮」瘋狂地向我揮手。巷子很長，這樣熱情的送行還真讓我有點不好意思，但走到巷口他們還在揮手……，終於，我左轉，朝公車站牌方向走去，把笨重的行李拉上公車後，攤開掌心，是丸子臨別時塞給我、硬幣大小的紀念品，拆開後發現裡面有張「蓮」咧嘴大笑的大頭貼貼紙，還有一個五圓的日圓硬幣。後來我才知道，中間有個孔的五圓硬幣，對日本人來說，就是「緣」的意思，代表我們會再見面。

第二次去京都，丸子家旁邊的Mister Donuts正好在舉辦集點送紀念品的活動，為了超可愛的香波堤獅星光鬧鐘，我幾乎天天都吃甜甜圈當早餐，最後一晚丸子屋的常客——大學生福澤同學等人還趕在特價結束前，陪我去買了一大盒的甜甜圈，幫我集點，可惜點數仍然不夠。我開玩笑地跟丸子說：「接下來就靠你啦！以後你要規定每個來這裡的客人都得吃甜甜圈！」兩個人花枝亂顫地笑成一團。

想不到，回到台灣後約一個月，聖誕節前夕，我收到一個從日本寄來的包裹，心頭一驚：「不會是那個吧？」，結果，真的是香波堤獅星光鬧鐘，還有在廣告公司上班的真理子送的香波堤獅便當盒、毛巾……，漫畫小天后亞希子幫我畫的畫像，丸子則是在一張寫得密密麻麻還夾雜塗鴉的紙上，畫出他們幾個人天天吃甜甜圈、快撐死的模樣。她說，短時間內她應該是沒有辦法再看到甜甜圈了吧！

看著一大包充滿情感的禮物攤在桌上，想像他們狂吃甜甜圈、趴在客廳桌上熱情畫圖的樣子，加上包裹上的郵資也不便宜，心中的感動無法言喻。我真的沒想到她會把一句玩笑話當真，想著想著還擔心起她這樣浪費錢，民宿不知道能否經營下去。

有人跟我說，我運氣怎麼這麼好，能住到這樣的民宿？是的，我真的很幸運。而我也真的體會到：只要真心相待，到哪裡都可以交到朋友，語言根本不成問題。 ⑤

附錄：
輕鬆展開京都自由行

機票篇
上網買機票最輕鬆

　　現在這個網路時代，不管飛哪裡，上網就可以輕鬆買機票，有的網站還有比價機制，價格一目了然。不過，不知道為什麼，每次我們去京都，西北飛大阪的票價幾乎都是最優惠的，大概大阪是西北美國線的中途站，常有促銷活動吧！加上西北飛大阪的航班時間最好（早去晚回），變成我們去京都的第一選擇。尤其，後來西北的網路訂票系統越來越方便，網路上還可以直接選位置，讓買機票變成旅行前的一個樂趣。

西北航空官方網站
http://www.nwa.com/tw/tc/home.shtml

機場 — 京都交通篇
在國內買好JR-West Rail Pass

　　抵達京都的第一站從大阪關西國際機場開始，如果認真在網路上查資料，關西機場到京都方法真的很多，但出國旅遊時間寶貴，往返機場更是大包小包的。所以，算下來，最優惠又最快速的方法，就是來回都使用JR-West Rail Pass搭乘JR特急車HARUKA；從機場直達京都火車站只要約七十分鐘。

　　平常一般日本人搭HARUKA從機場到京都車站，單程至少得花2980日圓，這還是自由席（不對號入座）的價格，要是指定席更貴。所以，最好在台灣就

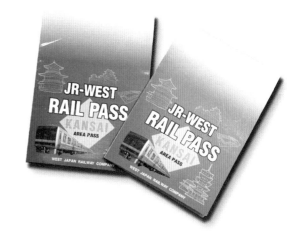

先找好旅行社買兩張JR-West Rail Pass一日券的兌換券，一張供抵達當天從機場到京都使用，一張是回台灣當天，從京都到機場時使用，因為這種券是專門賣給外國人的，一日券只要2000日圓（小孩1000日圓），不但當天可不限次數搭乘JR西日本幹線範圍，也有更多天數可供選擇，端看個人行程而定，相當划算。

　　JR-West Rail Pass兌換券的使用方式非常簡單，從關西機場一出境就可以看到JR綠色招牌的服務中心，在櫃檯將兌換券換成打上日期的JR-West Rail Pass就可開始使用，京都車站也有同樣的服務中心，所以可以事先把所有使用日期都確定下來，如果回程不確定時間，也可去京都後再兌換。不過，京都車站服務中心總是擠滿了人，能先換好是最好。尤其，雖然JR-West Rail Pass只要持護照，外國人在日本境內還是可以購買，但又沒比較便宜，實在沒必要花兩趟買票的時間。

　　另外，如果到京都有計畫搭乘熱門的嵐山嵯峨野浪漫小火車，在機場的JR服務中心櫃檯也可以直接購買小火車的車票，免得到時人滿為患，買不到位置。

JR-West Rail Pass 官方網站
http://www.westjr.co.jp/english/travel/jrp/index.html
嵯峨野浪漫列車
http://www.sagano-kanko.co.jp/index.php

京都市內交通篇
京都市區使用公車一日券最划算

　　京都市區內各式各樣的大眾交通工具非常多，有巴士、火車、地鐵、私鐵、電車等等，但最方便又經濟的應該是京都「市巴士」，不但路線綿密、涵蓋範圍廣，單一區間單一價格，一目了然，是我們在京都最常使用的交通工具。除了郊區的嵐山、大原、高雄與鞍馬地區，幾乎都在單一區間（綠色區間）內。

　　購買市巴士車票也非常方便，一出京都車站，公車總站前的遊客服務中心就可購買，每班公車上也能和司機直接購買，單趟220日圓，但一日通行券只要500日圓。所以，除非確定當天只搭乘一次，不然，通行券划算許多。最重要的是，買車票時別忘記索取免費地圖（公車上也能向司機索取喔！），市巴士提供的京都地圖非常清楚，只要一張在手，保證從此京都走透透，去哪兒都OK啦！傑利建議，最好日文版（漢字版）和英文版各要一份，不但可以比對，還可用羅馬拼音的方式問路。

　　不過，搭乘市巴士最應注意的，除盡量錯開上下班顛峰時間，免遭塞車之苦外，過了晚間九點後，巴士班次就大幅減少，對於習慣晚歸的台灣人千萬要注意，馬蘭達就有因錯過最後一班公車，和友人在寒風中走路回民宿的慘痛經驗。至於我們怎麼知道那是末班公車呢？說出來實在叫人汗顏。京都的公車時刻表奇準無比，每一個公車站牌上都會有清楚的到站時間，週日與放假日時刻跟平常日有些不同，但相同的是，不管上面標幾點幾分會到，不管多塞車，公車幾乎一定會準時抵達，很少有誤點的情形，真讓常在台北等公車等到望眼欲穿的我們羨慕不已。

另外，如果怕忘記時刻表上的時間，公車總站的遊客服務中心也有提供各路線公車發車的時刻，可以要來留著做參考；不然還有個妙招，就是把常搭乘的站牌時刻表用數位相機拍下來，就不用浪費腦筋記時刻表了。雖然「市巴士」最方便也最便宜，但京都還有很多其他交通工具，尤其是行駛在地面上的電車，有時候還會彩繪上可愛的圖案，例如多啦A夢、櫻花特別列車等等，相當有京都風，價格也不貴，有機會還是建議可以搭乘看看；像是到嵐山就有京福電鐵（嵐電）與阪急電鐵可搭，另外還有南北向的京阪與叡山電鐵等等。

京都市交通局網站
http://www.city.kyoto.lg.jp/kotsu/

京都郊區交通篇
善用各式旅遊票券，玩遍京都郊區

京都有幾個著名的郊區景點，嵐山算相當接近市區，如果搭乘市巴士，只要補出單一區間外的一點差額即可，或者搭乘電車也很方便。但高雄、大原與鞍馬這三大區域，車程就比較長一些；往高雄還是可以搭市巴士，從四條烏丸站到高雄有市巴士8號可以搭，但出了單一區間後，單趟約需補300日圓的差價。不然，住在京都火車站附近的人，可以到京都火車站前的巴士總站搭JR巴士（除了市巴士，京都還有很多其他類型的巴士）高雄直達車，巴士總站到高雄的一日券為800日圓。

大原也同樣不在市巴士單一區間內，得搭乘京都巴士（市巴士的英文是 Kyoto City Bus，京都巴士則是 Kyoto Bus，兩者不同，一日券只能搭乘市巴士，不能搭京都巴士）。不過，就算到市巴士單一區間邊緣換搭京都巴士，來回所需的價格加上一日券，恐怕會超過1200日圓。所以，到大原那天，不妨買所謂的京都觀光一日券，因為其範圍有涵蓋大原，只要1200日圓，當天可以無限制地搭市巴士、地鐵和京都巴士。

京都巴士網站
http://www.kyotobus.jp/

至於到鞍馬與貴船，可以搭乘京都巴士，但最方便的方法還是搭乘叡山電鐵，從出町柳站可以購買到終站鞍馬的來回券（820日圓），雖說是來回券，但在貴船口與鞍馬站可以不限次數搭乘。所以，雖然馬蘭達的完美行程是建議先到貴船再走到鞍馬，但想先到鞍馬其實也沒差，再從貴船口搭車回鞍馬就好了！另外，除了來回券，還有一些優惠套票，例如溫泉套票可選，早點到出町柳站時可以依照自己的行程考慮看看。

叡山電鐵網站
http://www.keihannet.ne.jp/eiden/rosen/ekiinfo.htm

伏見稻荷大社、月桂冠與黃櫻清酒博物館所在的伏見地區，雖然不像京都北邊的山林郊區，也算京都南邊較鄉間的區域。所以，儘管伏見地區在市巴士一日券的範圍內，但只有南5線和一些班次更少的公車可到達，不如搭乘JR、京阪電鐵或近鐵般方便。當然，想省錢又有時間的話，還是可以到京都公車總站去搭乘

南5線，想知道更詳盡的到伏見地區的市巴士班次，也可直接詢問公車總站旁的遊客服務中心。事實上，有任何搭公車的問題，找這個服務中心就對啦！

在京都騎自行車

在京都騎自行車是一件輕鬆又愜意的事，尤其是迎著徐徐涼風和暖暖陽光時，除了冷颼颼的冬季或夜晚，建議所有人有機會利用個半天到一天的時間試試，享受一下「在地旅遊」的深入體會。一般民宿或飯店幾乎都有租自行車的服務，費用也不貴；著名景點如嵐山等地的車站旁，也不乏出租自行車的服務。

京都自行車出租
http://www.kansai.gr.jp/travel/support_t/sight2.htm

住宿篇

第一次去丸子屋之前，為了找便宜優質的住宿地點可是傷透腦筋，尤其是櫻花、楓葉或日本人連續假期的季節，京都實在是一床難求，所以，到京都旅遊時，最好還是早點安排落腳的地方。以下是幾個適合自助旅遊者的住宿網站，供大家參考，其中包含讓馬蘭達發現丸子屋的安心民宿情報網以及一些朋友介紹的優質住宿地點。

日本全國安心民宿情報
http://verymuch.org/net-de-yasuiyado/26kyoto.html
Tour Club（背包客喜愛的青年旅館）
http://www.minsu.org/page/2/21/1/

東山IVY(特色建築，有免費無線上網)

http://ivy.free-d.jp/tw/index.shtml

東橫Tokyo-Inn （中價位旅館，免費上網設施）

http://www.toyoko-inn.com/china/

其他資訊

最推薦的Google日本地圖（直接鍵入各景點/各店地址即可搜尋）

http://maps.google.co.jp/

其他地圖網站

http://map.yahoo.co.jp/

http://www.mapion.co.jp/html/map/web/admi26.html

衣著

在賞楓季節的時候，氣溫通常會低到五度，且早晚溫差大，保暖的衣物在出發前一定要準備好。由於日本室內和車廂裡都有暖氣，「三明治」的穿法是比較聰明的方法，這樣進入室內或車廂，才不會熱到滿頭大汗，卻沒辦法脫衣服。即使是冬天或初春，太陽一出來，白天溫度往往會飆高到二十五度以上，所以衣著上的彈性變化必須要注意。帽子、手套是冬天裡重要的保暖工具，尤其是想騎自行車的人一定要帶著。有一雙舒適耐走的鞋子，當然也是非常重要的。

攝影裝備

　　不少人和傑利一樣，最初到京都都是衝著紅葉、櫻花去攝影的，不過幾天下來，重重的單眼器材跟攝影裝備實在讓人腰酸背痛、痛苦萬分；所以建議相機包最好是雙肩後背式。鏡頭帶越少越好，廣角、中望遠各一支就夠，（不挑剔對焦速度和成像品質的，一支18-200mm副廠鏡頭也可以搞定！）腳架能不背就不背（反正熱門景點幾乎都禁止使用），不在室內拍美食或人像，連外接閃燈都可以省下了。想辦法把器材變得又輕又小，就是旅遊攝影的王道！

傑利到京都的攝影設備

Canon 400D

Canon EF-S 10-22mm f3.5-f4.5 USM（超廣角，負責照大景跟室內人物大合照）

Canon EF 24-105mm f4 IS USM（中焦段至中望遠，用到的機率高達80%以上）

Canon EF 50mm f1.8（拍美食或人物最常用）

Canon 580EX（外接閃燈）

Panasonic LX2（給馬蘭達用的小數位相機）

國家圖書館出版品預行編目

京都岔路 / 馬蘭達. 傑利文；傑利攝影-- 一版. -- 臺北市
：秀威資訊科技，2008.01
　　面 ；　　公分. -- (生活風格 ； TB0001)

　ISBN 978-986-6732-67-6（平裝）

　　1. 遊記 2. 日本京都市

731.75219　　　　　　　　　　　　　　　97000324

 生活風格　TB0001

京都岔路

作　　　者 / 傑　利＆馬蘭達
攝　　　影 / 傑　利
發　行　人 / 宋政坤
主　　　編 / 許人杰
執 行 編 輯 / 詹靚秋
企 劃 編 輯 / 黃姣潔
圖 文 排 版 / 李孟瑾
封 面 設 計 / 李孟瑾
圖 書 銷 售 / 林怡君
法 律 顧 問 / 毛國樑　律師
出 版 印 製 / 秀威資訊科技股份有限公司
　　　　　　台北市內湖區瑞光路76巷65號1樓
　　　　　　電話：02-2796-3638　　傳真：02-2796-1377
　　　　　　E-mail：service@showwe.com.tw
經　銷　商 / 紅螞蟻圖書有限公司
　　　　　　台北市內湖區舊宗路二段121巷28、32號4樓
　　　　　　電話：02-2795-3656　　傳真：02-2795-4100
　　　　　　http://www.e-redant.com

2008年 2月BOD 一版一刷
2010年10月BOD 一版三刷
定價：320元

11466
台北市內湖區瑞光路76巷65號1樓

秀威資訊科技股份有限公司　　收

BOD數位出版事業部

⋯⋯⋯⋯⋯⋯⋯⋯⋯⋯⋯⋯⋯⋯⋯⋯⋯⋯⋯⋯⋯⋯⋯⋯⋯⋯⋯⋯⋯⋯⋯⋯⋯

（請沿線對折寄回，謝謝！）

姓　　名：＿＿＿＿＿＿＿＿　年齡：＿＿＿＿＿　性別：□女　□男

郵遞區號：□□□□□

地　　址：＿＿＿＿＿＿＿＿＿＿＿＿＿＿＿＿＿＿＿＿＿＿＿＿＿

聯絡電話：（日）＿＿＿＿＿＿＿＿＿＿＿＿　（夜）＿＿＿＿＿＿＿＿＿＿

E-mail：＿＿＿＿＿＿＿＿＿＿＿＿＿＿＿＿＿＿＿＿＿＿＿＿＿＿

讀者回函卡

感謝您購買本書，為提升服務品質，請填妥以下資料，將讀者回函卡直接寄回或傳真本公司，收到您的寶貴意見後，我們會收藏記錄及檢討，謝謝！

如您需要了解本公司最新出版書目、購書優惠或企劃活動，歡迎您上網查詢或下載相關資料：http://www.showwe.com.tw

您購買的書名：＿＿＿＿＿＿＿＿＿＿＿＿＿＿＿＿＿＿＿＿＿＿＿＿＿＿＿

出生日期：＿＿＿＿年 ＿＿＿＿月 ＿＿＿＿日

學　　歷：□高中（含）以下　　□大專　　□研究所（含）以上

職　　業：□製造業　□金融業　□資訊業　□軍警　□傳播業　□自由業
　　　　　□服務業　□公務員　□教職　　□學生　□家管　　□其他

購書地點：□網路書店　□實體書店　□書展　□郵購　□贈閱　□其他

您從何得知本書的消息？

　　　□網路書店　□實體書店　□網路搜尋　□電子報　□書訊　□雜誌
　　　□傳播媒體　□親友推薦　□網站推薦　□部落格　□其他

您對本書的評價：（請填代號　1.非常滿意　2.滿意　3.尚可　4.再改進）

　　　封面設計 ＿＿＿ 版面編排 ＿＿＿ 內容 ＿＿＿ 文／譯筆 ＿＿＿ 價格 ＿＿＿

讀完書後您覺得：

　　　□很有收穫　□有收穫　□收穫不多　□沒收穫

對我們的建議：＿＿＿＿＿＿＿＿＿＿＿＿＿＿＿＿＿＿＿＿＿＿＿＿＿＿

＿＿＿＿＿＿＿＿＿＿＿＿＿＿＿＿＿＿＿＿＿＿＿＿＿＿＿＿＿＿＿＿＿＿

＿＿＿＿＿＿＿＿＿＿＿＿＿＿＿＿＿＿＿＿＿＿＿＿＿＿＿＿＿＿＿＿＿＿

＿＿＿＿＿＿＿＿＿＿＿＿＿＿＿＿＿＿＿＿＿＿＿＿＿＿＿＿＿＿＿＿＿＿

＿＿＿＿＿＿＿＿＿＿＿＿＿＿＿＿＿＿＿＿＿＿＿＿＿＿＿＿＿＿＿＿＿＿